Inhalt

W0387543

Vorwort

Die Texte und Bildquellen dieses Heftes schließen an das erste Heft (Der Nationalsozialismus 1919–1933. Die Krise der Weimarer Republik und die nationalsozialistische Machtergreifung) an. Vergleiche besonders das Vorwort dort! Noch stärker als beim ersten Heft ist dem Herausgeber die Fragwürdigkeit jeder knappen Auswahl gerade bei diesem Thema bewußt. Er hat es daher dankbar begrüßt, daß der Verlag den für die Quellenhefte üblichen Höchstumfang noch einmal heraufgesetzt hat. Der Zweck der Sammlung, knappe und doch möglichst umfassende Hilfen für den Geschichtsunterricht zur nationalsozialistischen Herrschaft in Deutschland und Europa von 1933 bis 1945 zu geben, ist dadurch hoffentlich relativ befriedigend erreicht worden.
Die Gliederung in fünf Hauptabschnitte ergibt sich aus dem Bedürfnis dessen, was von der Sache und vom Unterricht her im Vordergrund des Interesses steht. Auf die inneren Voraussetzungen der nationalsozialistischen Durchdringung des Deutsches Reiches folgt die Politik der Expansion und der Eroberung in Europa. Daß die Judenpolitik und -ausrottung dabei nicht einfach eingefügt werden konnte, sondern einen eigenen Abschnitt verdiente, bedarf wohl kaum besonderer Rechtfertigung; es ergibt sich allein schon aus den Texten des ersten Heftes, in denen durch Hitler-Zitate der Antisemitismus als das Zentrum seiner „Weltanschauung" verdeutlicht worden ist. Ähnlich tiefgreifend war der Kampf gegen die christlichen Kirchen, so daß auch hierfür ein eigener Abschnitt erforderlich war. Besonders wichtig erscheint dem Herausgeber der letzte Abschnitt über das Verhältnis des deutschen Volkes zum Nationalsozialismus. Hier ist die Nachwirkung des furchtbaren Geschehens noch bis heute auch den Nachgeborenen am unmittelbarsten spürbar. Hier gilt daher mit betonter Bewußtheit die Grundforderung jeder Geschichtslehre: Verstehen, um zu erkennen, nicht aber aus risikolosem Abstand nachträglich cum ira et studio zu verdammen oder verharmlosend und ausweichend zu entschuldigen. Es mußten also gezeigt werden: sowohl die Anziehungskraft des Nationalsozialismus in einer bestimmten geschichtlichen Situation (vgl. das erste Heft) wie seine abstoßende Wirkung, die Verzweiflung, Erschütterung und Erbitterung, die bei vielen zum latenten, bei wenigen zum aktiven, konspirativen Widerstand geführt hat. Die Geschichte des Widerstandes selbst ist von so großer Bedeutung, daß sie nicht mit wenigen Texten abgetan werden kann, sondern eine eigene Dokumentation erfordert.

Werner Conze

I. Nationalsozialistische Durchdringung des Staates und der Gesellschaft

Erlaß des Führers über die Regierungsgesetzgebung, 10. 5. 1943. Nachdem das Ermächtigungsgesetz[1] mehrfach formal legal durch den Reichstag verlängert worden war, bestimmte der Erlaß nun: **1**

Mit Rücksicht darauf, daß das Gesetz vom 24. März 1933 (RGBl. I S. 141) formell am 10. Mai 1943 abläuft, bestimme ich: Die Reichsregierung hat die ihr durch das Gesetz vom 24. März 1933 übertragenen Befugnisse auch weiterhin auszuüben.
Ich behalte mir vor, eine Bestätigung dieser Befugnisse der Reichsregierung durch den Großdeutschen Reichstag herbeizuführen.

Hans Schneider, Das Ermächtigungsgesetz vom 24. März 1933, 2. Aufl., Bonn 1961

Die Partei als Machtkern und Führungsgruppe

Aus der Schlußrede Hitlers auf dem Nürnberger Parteitag, 3. 9. 1933: **2**

... Die Nation aber fühlt allmählich die Entstehung einer neuen politischen Führung, der sie sich steigernd mehr und mehr ergibt, weil sie instinktiv in ihr etwas von jener Kraft wittert, der sie einst ihre Entstehung zu verdanken hatte.
Dasselbe Volk aber, das in dieser liberalen Epoche mit seiner Führung in ewigem Hader liegt, steht mehr und mehr wie ein Mann hinter seiner neuen. Das Wunder, an das unsere Gegner niemals glauben wollten, ist Wirklichkeit geworden.
In diesem vierzehnjährigen Kampfe hat sich in unserem Volk eine neue, nach vernünftigen und entscheidenden Gesichtspunkten durchgeführte Gliederung vollzogen. Aus 45 Millionen erwachsenen Menschen haben sich drei Millionen Kämpfer organisiert als Träger der politischen Führung der Nation. Zu ihrer Gedankenwelt aber bekennt sich als Anhänger heute die überwältigende Mehrheit aller Deutschen. In diese Hände hat das Volk vertrauensvoll sein Schicksal gelegt.
Die Organisation hat aber damit eine feierliche Verpflichtung übernommen:
Sie muß dafür sorgen, daß dieser Kern, der bestimmt ist, die Stabilität der politischen Führung in Deutschland zu gewährleisten, erhalten bleibt für immer. Die Bewegung hat dafür zu sorgen, daß durch eine geniale Methode der Auswahl nur jene Ergänzung stattfindet, die das innerste Wesen dieser Wir dürfen nie davor zurückscheuen, aus dieser Gemeinschaft zu entfernen, was nicht seinem inneren Wesen nach zu ihr gehört. Wir müssen daher im Laufe der Zeit die Bedingungen für die Zugehörigkeit verschärfen und

---

[1] vgl. Conze, Nationalsozialismus I, Klett Nr. 49001, S. 70

nicht vermindern oder schwächen. Niemals aber darf dieser Kern vergessen, daß er seinen Nachwuchs im ganzen Volk zu suchen hat. Er muß daher in steter Arbeit die ganze Nation nach seinen Prinzipien führen, das heißt sie lebendig erfassen. Nur aus dieser ununterbrochenen Arbeit mit und für und um das Volk entsteht ein wirklich innerer Bund und aber auch die Fähigkeit, das zu dieser Auslese Gehörende im Volk zu erkennen... Nur wenn sich eine solche feste Führungshierarchie aufbaut, wird sie als ruhender Pol in der Erscheinungen Flucht auf lange Sicht hin die Leitung einer Nation überlegen und entschlossen zu betätigen vermögen.

Dokumente der deutschen Politik, hrsg. von Paul Meier-Benneckenstein, Bd. 1, Berlin 1935, S. 88 f.

3 Aus der Rede des Stellvertreters des Führers, Rudolf Heß, vor dem Führerkorps der NSDAP am 16.9.1935 auf dem Reichsparteitag in Nürnberg:

... Immer wieder soll daran erinnert werden, daß Partei und Staat nicht eine Konkurrenz darstellen, die sich zwangsläufig gegenseitig auszuschalten suchen muß, sondern daß sie eine Ergänzung sind mit wesentlich verschiedenen Funktionen...

Der Führer bedient sich zur Führung der Nation zweier Arme: des Parteiapparates und Regierungsapparates. Der Parteiapparat hält die Verbindung aufrecht zwischen der Regierung und dem Volk. Die Partei hat auch für Disziplin im Volke zu sorgen, und die Partei hat gerade in diesen Tagen zu beweisen, daß sie dies kann! Wenn der Führer befohlen hat, daß nach den Judengesetzen jede Einzelaktion zu unterbleiben hat, so erwarte ich, daß Sie alles tun, daß der Befehl des Führers befolgt wird – unbedingt befolgt wird. Die Partei ist die Vertretung des Volkes, wie einst die früheren Parteien die Vertretung des Volkes sein sollten. So wie das Volk zusammengeschweißt wurde zu einem großen Organismus gleichen Geistes, gleichen Wollens, gleicher Zielsetzung im Großen, trat anstelle der früheren vielen sich gegenseitig bekämpfenden, in ihren Interessen, ihren Zielsetzungen, ihren Ideen auseinanderstrebenden Parteien, die eine Partei Deutschlands, die das Volk in seiner Gesamtheit vertritt.

Daher können wir auch die Reichs- und Gauleitertagung als Parlamente [sic!] höherer Ordnung betrachten ohne Interessengruppen, ohne Abstimmungen, ohne Kuhhandel. Hier fließen über Ortsgruppen- und Kreisleitertagungen Erfahrungen und Wünsche aus dem Volk zusammen und werden über die Mitglieder, welche zugleich Mitglieder des Kabinetts sind, in der Regierung fruchtbar gemacht...

... Es muß unser Ziel sein zu erreichen, daß die Volksgenossen mit ihren Sorgen statt zum Pfarrer zum Ortsgruppenleiter um Rat gehen...

Vergessen Sie die Alte Garde aus den schweren Zeiten gemeinsamen Kampfes nicht! Treffen Sie sich von Zeit zu Zeit mit den Männern der Alten Garde Ihres Bereichs – trotz aller Nörgelsucht des einen oder anderen wird Ihnen das Zusammensein mit den alten Kampfgenossen aus vergangenen Tagen doch zu einem schönen Erlebnis werden...

Je weniger eine öffentliche Kritik zugelassen ist, desto mehr sind wir zu Selbstkritik verpflichtet. Denn an den Führern und wie sie sich geben, ermißt das Volk den Wert der Bewegung und ihrer Zukunft...
Es wäre im Grunde zwecklos, wenn ich Ihnen erzählen würde, wieviel Ärger mir durch Staatsstellen, durch Beamte und Richter bereitet wird. Schließlich bin ich die Stelle, bei der aller Krach zusammenläuft und die daher die Ehre hat, sich noch mehr als andere mit staatlichen Organen herumschlagen. Es ist nicht immer leicht, die Klagemauer der Bewegung zu sein...

Faschistische Diktatur in Deutschland. Mit Beiträgen von Hans Mommsen, Lutz Niethammer, Hans Kaiser, Wolfgang Elben (Politische Bildung, Jg. 5, 1972, M 21 f.)

Zum Problem des Rechtsstaates und der Konzentrationslager schrieb ein nationalsozialistischer Staatsrechtler 1934: **4**

... Es muß von juristischer Seite besonders begrüßt werden, daß der Führer selbst, wie auch immer wieder der Leiter der deutschen Rechtsfront, Dr. Frank, das Wesen des deutschen Führerstaates als Rechtsstaat betont haben. Auch im deutschen Führerstaat ist das Recht nicht nur selbstverständlich gerechtes Recht, sondern die positive Rechtsordnung des deutschen Führerstaats hat ihre Ordnungsaufgabe zu erfüllen. Wer den Gedanken des Rechtsstaates von sich weist, erklärt im bolschewistischen Sinn die Revolution als Dauererscheinung. Revolution und Rechtsstaat sind wesensgemäß Gegensätze und können deshalb auf die Dauer im Volks-und Staatsleben nicht nebeneinander bestehen. Auf der durch die nationale Revolution durchgesetzten nationalsozialistischen Staatsidee hat sich der deutsche nationale Rechtsstaat zu entfalten. Denn wie der Führer in seiner kulturpolitischen Rede in Nürnberg betonte, „der Kampf der Weltanschauungen hat mit der restlosen Übernahme der politischen Macht seine Beendigung noch nicht gefunden." Die Werte der Rechtssicherheit müssen aber auch gerade im völkischen Staate geachtet und geschützt werden. Freilich hat in einem Staate, in dem sich eine neue Staatsidee revolutionär durchgesetzt hat, der Rechtsstaatsgedanke seine Grenzen in der Forderung der absoluten Sicherstellung der nationalen Lebensordnung. Es wäre widersinnig zu behaupten, daß z.B. die Konzentrationslager eine betont rechtsstaatliche Einrichtung wären, aber sie sind zur Sicherung der neuen Staats- und Rechtsgrundlagen unentbehrlich, solange den Grundlagen des völkischen Staates noch Angriffe drohen. Stehen diese Grundlagen einmal unerschüttert, hat sich die absolute Staats- und Rechtsidee im deutschen Volke durchgesetzt, so wird der deutsche Führerstaat die rechtsstaatliche Gestaltung sofort weiter vertiefen können.

Otto Koellreuther, Der deutsche Führerstaat, Tübingen 1934, S. 21 f.

5 **Über die Beherrschung des Staates durch die Partei.** Ausgehend von den Spitzenstellungen der Gauleiter und Reichsstatthalter, äußerte sich Hitler intern am 24.6.1942:

... Die Erfahrungen, die er bei der Organisation der Partei in der Kampfzeit gemacht habe, werte er heute bei der Organisation des Reiches aus. Wenn er seinerzeit die Gauleiter gleichsam zu Gaukönigen gemacht habe, die nur die ganz großen Weisungen von oben erhalten, so gebe er heute den einzelnen Reichsstatthaltern weitgehende Freiheit - auch wenn er hierbei auf den Widerspruch des Reichsinnenministeriums stoße.
Nur wenn man Gauleitern und Reichsstatthaltern hinreichende eigene Wirkungsmöglichkeiten gebe, lerne man Talente kennen. Andernfalls entwickle sich lediglich eine stupide Bürokratie. Denn nur, wenn man dem regionalen Führerkorps Verantwortung gebe, erhalte man verantwortungsfreudige Menschen und damit ein hinreichendes Reservoir fähiger Köpfe für Gesamtführungsaufgaben.
Den großen Freiheiten entsprechend, die er den Gauleitern und Reichsstatthaltern eingeräumt habe, habe er von ihnen grundsätzlich unbedingte Disziplin gegenüber den Befehlen der obersten Führung verlangt. Er habe dabei als selbstverständlich vorausgesetzt, daß die oberste Führung sich mit ihrem Befehl nicht in die sogenannte Kleinarbeit einzumischen suche, da die örtlichen Voraussetzungen für diese überall anderartig seien.

Henry Picker, Hitlers Tischgespräche im Führungshauptquartier 1941–42, hrsg. v. G. Ritter, Bonn 1951, S. 252

6 **Aus Hitlers Rede vor der deutschen Presse,** 10.11.1938:

Wie ich überhaupt zusammenfassend nur eines sagen möchte, meine Herren: In den liberalen Ländern wird die Mission der Presse so aufgefaßt, daß es heißt: Presse plus Volk gegen Führung. Und bei uns muß es heißen: Führung plus Propaganda und Presse usw. vor dem Volk! Das alles ist Führung des Volkes. Jeder einzelne ist hier ein führendes Glied des Volkes und hat sich dafür verantwortlich zu fühlen. Jeder einzelne hat diese höheren Führungserkenntnisse grundsätzlich in sich aufzufassen. Was auch vielleicht untereinander besprochen wird, vor dem Volk ist diese Führung ein einziger Block, eine einzige geschlossene Einheit, ganz gleich ob der eine jetzt hier Propaganda macht, der andere bei der Presse, ein dritter wieder in Versammlungen, ein vierter wieder als Führer, meinetwegen, vor politischen Organisationen steht, ein fünfter wieder als Führer vor irgendeinem Truppenkörper steht, ein sechster wieder in einem Amt Dienst tut oder vor dem Ausland die Nation zu vertreten hat, das alles ist die Führung des deutschen Volkes, und vor dem Volk selber hat diese Führung wie eine verschworene Gemeinschaft aufzutreten. Untereinander, da können Meinungen ausgetauscht werden. Vor dem Volk, da gibt es überhaupt nur eine Meinung. Meine Herren, das ist ein ganz deutlicher Grundsatz! Wenn wir den ganz durchsetzen, dann wird durch diese Führung das deutsche Volk groß und mächtig werden. Dann stehen wir nicht jetzt im Jahre 1938 am Ende einer geschichtlichen Epoche, sondern dann stehen wir sicherlich erst am Beginn einer großen Geschichtsepoche unseres Volkes.

VfZG 6, 1958, S. 190

Hitler vor dem politischen Führernachwuchs, 23.11.1937, auf der Ordensburg Sonthofen: **7**

... Es ist ganz klar, daß die Führung eines Volkes, d. h. seine Gesamtlebensgestaltung eine Aufgabe ist, die mehr als ein Schneiderhandwerk bedeutet. Es ist daher eine Führung aufzubauen, die jene Elemente aus einem Volk primär herauszieht, die in dieser Richtung an sich eine bestimmte Befähigung zu besitzen glauben, und aus diesen Elementen dann eine Organisation aufbaut, die sie steigend in einen festen Verband nicht nur der Form, sondern auch der geistigen Auswirkung nach bringt.
Unsere Demokratie baut sich dann auf dem Gedanken auf, daß
1. an jeder Stelle ein nicht von unten Gewählter, sondern ein von oben Auserlesener eine Verantwortung zu übernehmen hat, bis zur letzten Stelle hin;
2. daß er unbedingte Autorität nach unten und absolute Verantwortung nach oben hat, zum Unterschied von sonstigen Demokratien, die jeden von unten aussuchen, nach unten verantwortlich sein und nach oben mit Autorität ausgestattet sein lassen – eine vollkommen wahnsinnige Verkehrung jeder menschlichen Organisation.
Die NSDAP ist die größte Organisation, die die Welt je gesehen hat. Sie umfaßt alles in allem 25 Millionen Menschen und hat 300000 Funktionäre. Es ist ganz klar, daß eine Organisation, die 18 Jahre alt ist, seit ihrer Gründung nicht das sein kann, was sie nach 100 Jahren wäre. Entscheidend ist aber, daß wir ihr das Gesetz mit auf den Weg geben, nach dem sie angetreten ist und das ihr bleiben soll. Wir haben hier den Grundsatz des absoluten Gehorsams und der absoluten Autorität. Ebenso wie die Armee – die Waffe – nicht ohne dieses Gesetz der absoluten Autorität jedes einzelnen Vorgesetzten nach unten und seiner absoluten Verantwortung nach oben bestehen kann, kann es auch nicht die politische Führung dieser Waffe. Denn letzten Endes, was Waffen schaffen, wird politisch verwaltet, und was die politische Verwaltung will, muß die Waffe besorgen. Auch die Volksführung früher, die Kirche, kannte nur dieses eine Lebensgesetz: blinder Gehorsam und absolute Autorität.

Tischgespräche, S. 449

Hitler auf der Kulturtagung der NSDAP, 1.9.1933: **8**

... Niemals kann man die Kunst vom Menschen trennen. Das Schlagwort, daß gerade sie international sei, ist hohl und dumm. Wenn man schon andere Sektionen des Lebens noch irgendwie durch Erziehung angelernt erhalten kann, zur Kunst muß man geboren sein, das heißt: Die außer aller Erziehung liegende grundsätzliche Veranlagung und damit Eignung ist von entscheidendster Bedeutung. Diese Veranlagung aber ist ein Bestandteil einer Erbmasse. Nicht jeder braucht deshalb schöpferischer Künstler zu sein, weil er, rassisch gesehen, zu dieser befähigtsten Art zu rechnen ist, wohl aber wird sich nur aus einer solchen das wirkliche Genie erheben können und nur diese Rasse allein wird es empfinden und verstehen. Es ist ein Zeichen der grauenhaften geistigen Dekadenz der vergangenen Zeit, daß sie von Stilen redeten, ohne ihre rassischen Bedingtheiten zu erkennen. Der Grieche hat nie international gebaut, sondern griechisch, das heißt, jede klar ausgeprägte Rasse hat ihre eigene Handschrift im Buche der Kunst, sofern sie nicht, wie z.B. das Judentum, überhaupt ohne eigene künstlerisch produktive Fähigkeit ist. Wenn Völker aber eine artfremde Kunst kopieren, so ist das nicht der Beweis für die Internationalität der Kunst, sondern nur der Beweis für die Möglichkeit, etwas intuitiv Erlebtes und Geschaffenes abschreiben zu können...

... Die Kunst ist eine erhabene und zum Fanatismus verpflichtende Mission. Wer von der Vorsehung ausersehen ist, die Seele eines Volkes der Mitwelt zu enthüllen, sie in Tönen klingen oder in Steinen sprechen zu lassen, der leidet unter der Gewalt des allmächtigen, ihn beherrschenden Zwanges, der wird seine Sprache reden, auch wenn die Mitwelt ihn nicht versteht oder verstehen will, wird lieber jede Not auf sich nehmen, als auch nur einmal dem Stern untreu zu werden, der ihn innerlich leitet.

Die nationalsozialistische Bewegung und Staatsführung darf auch auf kulturellem Gebiet nicht dulden, daß Nichtskönner oder Gaukler plötzlich ihre Fahne wechseln und so, als ob nichts gewesen wäre, in den neuen Staat einziehen, um dort auf dem Gebiete der Kunst und Kulturpolitik abermals das große Wort zu führen. Ob die Vorsehung uns alle die Männer schenkt, die dem politischen Wollen unserer Zeit und seinen Leistungen einen gleichwertigen kulturellen Ausdruck zu schenken vermögen, wissen wir nicht. Aber das eine wissen wir, daß unter keinen Umständen die Repräsentanten des Verfalls, der hinter uns liegt, plötzlich die Fahnenträger der Zukunft sein dürfen. Entweder waren die Ausgeburten ihrer damaligen Produktion ein wirklich inneres Erleben, dann gehören sie als Gefahr für den gesunden Sinn unseres Volkes in ärztliche Verwahrung, oder es war dies nur eine Spekulation, dann gehören sie wegen Betruges in eine dafür geeignete Anstalt. Auf keinen Fall wollen wir den kulturellen Ausdruck unseres Volkes von diesen Elementen verfälschen lassen; denn das ist unser Staat und nicht der ihre.

Dieser neue Staat wird aber der Pflege des Kulturellen eine ganz andere Aufmerksamkeit schenken als der alte. Indem der Nationalsozialismus das Recht derjenigen Bestände unseres Volkskörpers, die seine Bildung einst einleiteten und durchführten, auf besondere Bevorzugung ihres Wesens anerkennt, muß er dies auch moralisch begründen...

Dokumente der deutschen Politik, Bd. 1, S. 283 ff.

Die Durchdringung der Regierung, Verwaltung und Justiz

Über die Zersetzung der Reichsregierung durch die Einwirkung von SS und Partei. Aussagen des Zeugen Lammers im „Prozeß gegen die Hauptkriegsverbrecher" in Nürnberg am 8./9.4.1946. Auf die Frage eines Verteidigers, wann die letzte Sitzung des Reichskabinetts stattfand: **9**

Die letzte Sitzung des Reichskabinetts war im November 1937. Allerdings hat im Jahre 1938, Anfang Februar, noch einmal eine sogenannte informatorische Ministerbesprechung stattgefunden, in der der Führer die damals vollzogene Änderung in der Reichsregierung mit Herrn von Blomberg und Herrn von Neurath bekanntgab. Die letzte Kabinettsitzung, in der sachlich beraten worden ist, und zwar der Entwurf eines Strafgesetzbuches, hat im November 1937 stattgefunden...
Die Minister waren im wesentlichen nichts anderes mehr als die obersten Verwaltungschefs ihrer Ressorts, und sie konnten im Reichskabinett der Reichsregierung sich nicht mehr auswirken als politische Minister;... es haben keine Sitzungen mehr stattgefunden, die Besprechungen wurden sogar verboten. Wann sollten die Herren denn zu einem Meinungsaustausch kommen?

Auf die Frage des Verteidigers, ob ihm etwas bekannt sei über eine Äußerung Hitlers, das Reichskabinett sei ein Defaitistenklub, den er nicht mehr sehen wollte:

Bei meinen Versuchen auf Reaktivierung der Reichsregierung durch gewisse Sitzungen hat der Führer mir gesagt, daß sie unterbleiben; es könnte eine Stimmung entstehen, die ihm nicht angenehm wäre. Mir gegenüber hat er das Wort Defaitistenklub nicht gebraucht. Ich habe aber von Reichsleiter Bormann gehört, daß er gesagt hat, die Minister sollen nicht zusammenkommen, das könnte ein Defaitistenklub werden.

IMT XI, S. 64 ff.

Auf die Frage nach der Einmischung der Partei in die Reichsministerien: **10**

Die Eingriffe in die Machtstellung der einzelnen Minister waren gegeben durch eine Reihe Institutionen, die der Führer, ich möchte sagen, als Gegenspieler für die einzelnen Minister offenbar bewußt geschaffen hat. Das ist das eine Moment, und zweitens durch höhere Stellen, die im Interesse einer gewissen Einheit auf gewissen Gebieten allein die Macht haben sollten. Um bei der letzteren Kategorie zu bleiben, ist das typische Beispiel dafür in erster Linie der Vierjahresplan. Der Führer wünschte hier eine umfassende einheitliche Lenkung, die nicht abhängig war von den Wünschen der Ressortminister und hat infolgedessen den Vierjahresplan geschaffen. Auf anderen Gebieten wurde den Ministern ein Gegenspieler gesetzt, zum Beispiel dem Arbeitsminister wurde durch Einsetzung eines Reichswohnungskommissars in der Person von Herrn Ley das wichtige

Gebiet des Wohnungswesens einfach abgenommen. Es wurde ihm eine Hauptaufgabe abgenommen durch Einsetzung des Generalbevollmächtigten für den Arbeitseinsatz, Herrn Sauckel, auf dem Gebiete des Arbeitseinsatzes. In der Wirtschaft war der Wirtschaftsminister, wie ich schon erwähnt habe, stark beschränkt durch die Einsetzung, durch die Befugnisse des Vierjahresplans, nachher aber auch durch die Befugnisse, die auf den Reichsminister für Rüstung und Kriegsproduktion übergingen.

Ebenda, S. 105 f.

11 Auf die Frage nach der Stellung des Reichsleiters Bormann:

Der Reichsleiter Bormann war der Nachfolger des Reichsministers Heß... und wurde vom Führer zum Sekretär des Führers ernannt, womit er auch in den staatlichen Sektor unmittelbar eingeschaltet war. Denn als Leiter der Parteikanzlei war er ja lediglich Nachfolger des Reichsministers Heß, der die Wünsche und Auffassungen der Partei vertreten sollte. Dadurch, daß der Führer ihn zum Sekretär des Führers ernannte und insonderheit bestimmte, daß auch auf staatlichem Sektor ein großer Teil der Dinge durch die Hand von Bormann gehen sollte, erfolgte seine starke Einschaltung in das staatliche Gebiet. Das habe ich persönlich reichlich erfahren müssen, indem ich, der ich früher wenigstens gelegentlich allein zum Vortrag kommen konnte, nachher das nicht mehr erreichen konnte, sondern nur auf dem Weg über Bormann. Die Mehrzahl meiner Vorträge fand nur im Beisein von Bormann statt, und alles, was früher abgegeben werden konnte an den Führer auf dem unmittelbaren Wege, mußte nunmehr auch in rein staatlichen Angelegenheiten den Weg über den Sekretär des Führers, über Bormann, gehen.
Dr. Dix: Damit ergab sich ein Einfluß Bormanns in die einzelnen Ressorts?
Ja, er bekam damals den Einfluß, denn all die Dinge aus den Ressorts, die ich nicht unmittelbar durch Vortrag beim Führer oder durch Entscheidung des Führers erledigen konnte, mußte ich schriftlich auf dem Wege über Bormann leiten und bekam von Bormann eine Nachricht, der Führer habe so oder so entschieden...

Ebenda, S. 106 f.

12 Auf die Frage nach den Gauleitern:

Die Gauleiter hatten als solche selbstverständlich den Weg über die Parteikanzlei. Das war der für sie vorgeschriebene Weg. Da die Gauleiter in der Regel in Personalunion gleichzeitig Reichsstatthalter oder Oberpräsident waren, wurden diese beiden Stellungen natürlich miteinander verwischt und es gingen viele Angelegenheiten statt den vorgeschriebenen Weg über den zuständigen Minister und über mich unmittelbar von dem Gauleiter an Reichsleiter Bormann; ja, es gibt Fälle, in denen dieser Weg absichtlich gewählt worden ist...

Ebenda, S. 107

13 Auf die Frage nach dem Erlaß Hitlers vom 17.6.1936 (vgl. Quelle Nr. 20!) und der Entstehung der Bezeichnung „Reichsführer SS und Chef der deutschen Polizei im Reichsministerium des Innern":

Ja, damals habe ich mitgewirkt. Der Vorschlag dieses Titels stammt offenbar von Himmler. Ich habe gegen diesen Titel von vornherein Bedenken gehabt aus zwei Gesichtspunkten. Es werden zwei heterogene Sachen zusammengeworfen: Der Reichsführer-SS, eine Parteigliederung, und die Polizei, eine staatliche Angelegenheit. Der Reichsführer SS, ein Mann, der in der Partei den Rang eines Reichsleiters hat, der dem eines Reichsministers gleichsteht; auf der anderen Seite der Chef der Polizei, der die Stellung eines Staatssekretärs im Innenministerium hatte und dem Innenminister unterstellt ist. Himmler bestand aber auf dieser Bezeichnung, und der Führer hat ihm Recht gegeben. Meine Bedenken gegen diese Bezeichnung haben sich in der Praxis gerechtfertigt, denn einmal war das Weisungsrecht des Reichsministers des Innern an die Polizei nun sehr problematisch geworden, weil der Reichsführer Himmler den Polizeioffizieren gegenüber zum Beispiel gleichzeitig SS-Führer war. Denen konnte er ja Befehle geben in seiner Eigenschaft als Reichsführer-SS, da hatte der Innenminister nicht mehr hineinzureden. Er hatte auch die Gepflogenheiten, daß er auch die anderen Beamten der Polizei meist zu SS-Führern machte. Man konnte also nie genau wissen, in welcher Eigenschaft handelt der Betreffende, handelt er als Mitglied der SS, oder handelt er als Polizei; und die Unterstellung im Innenministerium ist daher beinahe gegenstandslos geworden, denn, erstens hat Himmler den Zusatz: Chef der Deutschen Polizei im Reichsministerium des Innern, diese letzten Worte weggelassen, hat sich geschäftsordnungsmäßig, gebäudemäßig vollkommen vom Innenminister abgesondert und hat sich auch nicht mehr unterstellt gefühlt.
Als der Reichsminister Frick darüber eine Beschwerde bei mir anbrachte, die ich an den Führer bringen sollte, da hat mir der Führer gesagt: Übermitteln Sie Herrn Frick, er möchte den Himmler als Chef der Polizei nicht zu sehr einschränken, die Polizei ist bei ihm gut aufgehoben, er solle ihm möglichst freie Hand lassen.
Damit war, wenn auch nicht mit einer ausdrücklichen Anordnung, so doch praktisch die Weisungsbefugnis des Reichsministers des Innern zum mindesten stark eingeschränkt, wenn nicht gar als aufgehoben zu betrachten...

Ebenda, S. 70 f.

14 **Aus dem politischen Testament Goerdelers,** geschrieben in New York, 1.12.1937, und dort verwahrt:

Die Welt ist offenbar geneigt, im Nationalsozialismus einen Erhalter wichtiger wirtschaftlicher Werte zu sehen. Noch verblüffender aber wirkt es, daß man sich über die moralischen Qualitäten und über die moralischen Gefahren dieses Systems nicht klar ist. Nachrichten dieser Art werden niemals auf den ersten Seiten der Zeitungen gebracht. Es interessiert kaum noch eine breite Schicht in der Welt, wieviel Geistliche in Deutschland im Gefängnis gehalten werden. In unserer Jugend hätte eine solche Nachricht, daß Geistliche verfolgt werden, weil sie ihrem Gewissen folgen, die ganze Kulturwelt entflammt. Welches nie erlöschende Aufsehen hat nicht seinerzeit der Fall Traub erregt, in dem aber nicht der Staat, sondern die kirchlichen Aufsichtsstellen Stellung gegen eine zu freiheitliche Gestaltung des Pfarramtes nahmen.

Die Eigenart dieser Lage ist in zwei Tatsachen begründet:

1. Man kennt weder die Entstehungsgeschichte, wie der Nationalsozialismus zur Macht kam,
2. noch die wahren Mittel, deren er sich in Deutschland bedient.

...

Der tatsächliche Zustand ist folgender:

a) Auf dem Gebiet der inneren Verwaltung herrscht ein heilloses Durcheinander. Außenstehende können sich davon überhaupt keine Vorstellung machen...

Neben dem Staat versucht die Partei das öffentliche Leben zu beherrschen. Der öffentliche Diener weiß nicht mehr, an welche klaren Gesetze er sich zu halten hat. Viel schlimmer aber ist, daß der Beamte nicht mehr weiß, an welche Anstandsregeln er sich zu halten hat.

Die Zuständigkeiten, die früher klar geregelt waren, werden dauernd geändert. Hat man sich heute zum Grundsatz der Selbstverwaltung bekannt, so beraubt man morgen Provinzen und Gemeinden wichtiger, organisch ihnen zufallender Funktionen. Die Folge ist, daß sich die Zahl der öffentlichen oder halb-öffentlichen Beamten und Angestellten um einige Hunderttausend vermehrt hat, daß das Geld des deutschen Steuerzahlers benutzt wird, um mit diesen Kräften irgendetwas zu tun, zumindesten untereinander Krieg zu führen, und daß das moralische Bewußtsein sowie die Verantwortungsfreudigkeit ebenso schnell verblassen wie der Mannesmut. Der preußische Beamte war darauf erzogen, seinem Vorgesetzten zu gehorchen; aber er war auch verpflichtet, ihm gegenüber seine eigene Meinung unerschrocken zu vertreten. Beamte, die das heute noch wagen, kann man in Deutschland allmählich mit der Laterne suchen. Damit aber ist die öffentliche Verwaltung unterminiert, muß immer haltloser werden und wird eines Tages dem Volke nur noch als Last erscheinen.

Im übrigen ist die Entwicklung zielbewußt darauf gerichtet, immer mehr Macht in den Händen der Polizei, einschließlich der Geheimen Staatspolizei, zu vereinigen. Das ist logisch. Ein System, das es sich zur Aufgabe gesetzt hat, unter allen Umständen an der Macht zu bleiben, muß mehr und mehr auf das Mittel der Überzeugung verzichten und zu Mitteln des Zwanges greifen, namentlich dann, wenn seine das wirtschaftliche und politische Leben des Volkes angehenden Maßnahmen von vornherein falsch sind und nach ewigen Gesetzen scheitern müssen...

d) Damit kommen wir zu dem ernstesten Punkt in der deutschen Lage. Deutschland hat den Charakter eines Rechtsstaates, auf den es in Jahrhunderten in seinen Teilen stolz war, verloren. Der Richter ist nicht mehr an klare Gesetze gebunden. Wenn in Rom ein Prätor berufen wurde, um durch Gesetzesauslegung Recht zu schaffen, dann wußten die Römer, was sie taten, um ihr Recht vor Erstarrung zu bewahren. Aber wenn z. B. in Deutschland jeder der vielen tausend Richter nicht nur das Recht, sondern sogar die Pflicht hat, das Recht NS auszulegen, und wenn, wie oben dargelegt, niemand weiß, was NS ist, dann kann man sich vorstellen, welche Rechtsunsicherheit Platz greifen muß, selbst wenn alle Deutschen die vollkommensten Geschöpfe wären. Nimmt man aber nun noch Eigennutz und Verblendung hinzu, nimmt man hinzu, daß der Richter um seine Existenz bangt, dann kann man sich ein ungefähres Bild von dem Zustand der Rechtspflege in Deutschland machen. Nicht als ob es überhaupt kein Recht mehr gäbe, dafür ist jeder deutsche Richter in sich viel zu gewissenhaft. Aber es gibt zahlreiche Fälle, in denen er zu einer Verletzung seines Gewissens gezwungen oder aus Unorientiertheit verleitet wird. Das Fehlen jeder öffentlichen Meinung verlegt ja auch ihm allmählich den Weg zu klaren Erkenntnissen ...

f) ... Die letzte Erklärung für ein solches fast blindes Hineinrennen in den Zusammenbruch einer Idee, die von Hause aus von höchster Vaterlandsliebe und von grenzenloser Opferbereitschaft getragen war, liegt in der Verbindung zwischen dem selbstsüchtigen Materialismus unserer Zeit und dem verhängnisvollen Wahne, eine Partei oder eine Bewegung könne und müsse das ganze menschliche Leben beherrschen. Schon primitives Nachdenken allein führt zu dem Ergebnis, daß diese Möglichkeit, wenn überhaupt vorhanden, nur auf Glauben beruhen könnte. Glauben aber kann man nach uralten Naturgesetzen, denen die menschliche Seele unterworfen ist, niemals erzwingen. Schon Liebe und Treue des Tieres sind nicht zu erzwingen. Die Partei aber lebt dem Wahne, sie könne jeden Menschen, und wenn auch mit Zwang, dazu bringen, etwas Bestimmtes zu glauben und das Leben nach einer bestimmten Fasson zu führen.

Goerdelers politisches Testament. Dokumente des anderen Deutschland, hrsg. von F. Krause, New-York 1945, S. 19 ff. Auch in Dokumente der deutschen Politik und Geschichte von 1848 bis zur Gegenwart von J. Hohlfeld, Berlin 1951 ff., Bd. 4, S. 378 ff.

Über die zunehmende Verwirrung in den Kompetenzen der Partei- und Staatsführung schreibt Goebbels: **15**

2. März 1943: In der Innenpolitik ist dasselbe Übel [wie in der Außenpolitik] zu beklagen. Jeder tut und läßt, was er will, weil nirgendwo eine starke Autorität aufgebaut ist.

16. März 1943: Wir leben in einem Staatswesen, in dem die Kompetenzen sehr unklar verteilt sind. Daraus entwickeln sich die meisten Zwistigkeiten unter den führenden Personen wie unter den führenden Behörden ... Die Folge ist eine völlige Direktionslosigkeit in der deutschen Innenpolitik ...

Joseph Goebbels, Tagebücher 1942/43, hrsg. von L. P. Lochner, Zürich 1948, S. 243

16 Leitsätze des „Reichsrechtsführers" Frank vom 14.1.1936:

1. Der Richter ist nicht als Hoheitsträger des Staates über den Staatsbürger gesetzt, sondern er steht als Glied in der lebendigen Gemeinschaft des deutschen Volkes. Es ist nicht seine Aufgabe, einer über der Volksgemeinschaft stehenden Rechtsordnung zur Anwendung zu verhelfen oder allgemeine Wertvorstellungen durchzusetzen, vielmehr hat er die konkrete völkische Gemeinschaftsordnung zu wahren, Schädlinge auszumerzen, gemeinschaftswidriges Verhalten zu ahnden und Streit unter Gemeinschaftsgliedern zu schlichten.

2. Grundlage der Auslegung aller Rechtsquellen ist die nationalsozialistische Weltanschauung, wie sie insbesondere in dem Parteiprogramm und den Äußerungen unseres Führers ihren Ausdruck findet.

3. Gegenüber Führerentscheidungen, die in die Form eines Gesetzes oder einer Verordnung gekleidet sind, steht dem Richter kein Prüfungsrecht zu. Auch an sonstige Entscheidungen des Führers ist der Richter gebunden, sofern in ihnen der Wille, Recht zu setzen, unzweideutig zum Ausdruck kommt.

4. Gesetzliche Bestimmungen, die vor der nationalsozialistischen Revolution erlassen worden sind, dürfen nicht angewendet werden, wenn ihre Anwendung dem heutigen gesunden Volksempfinden ins Gesicht schlagen würde. Für die Fälle, in denen der Richter mit dieser Begründung eine gesetzliche Bestimmung nicht anwendet, ist die Möglichkeit geschaffen, höchstrichterliche Entscheidung herbeizuführen.

5. Zur Erfüllung seiner Aufgaben in der Volksgemeinschaft muß der Richter unabhängig sein. Er ist nicht an Weisungen gebunden. Unabhängigkeit und Würde des Richters machen geeignete Sicherungen gegen Beeinflussungsversuche und ungerechtfertigte Angriffe erforderlich.

Deutsches Recht, Jg. 6, 1936, S. 10

17 Ausführungen Hitlers über das Verhältnis von Beamten und Partei auf der Reichsstatthalterkonferenz vom 1. November 1934:

Der Führer und Reichskanzler legte dar, daß es bei der Übernahme der Macht durch die Nationalsozialistische Partei nicht möglich gewesen sei, sämtliche Beamtenposten mit Nationalsozialisten zu besetzen. Immerhin habe der 14jährige Kampf um die Macht zur Folge gehabt, daß auch eine Reihe von Beamten sich der Bewegung angeschlossen hätten. Die leitenden Posten seien wohl heute alle mit Nationalsozialisten besetzt. Die Öffentlichkeit erblicke nun vielfach einen Widerspruch zwischen dem nationalsozialistischen Ideal und der Wirklichkeit, wenn sie das Verhalten einiger Beamten betrachte. Man dürfe nicht vergessen, daß ein Teil der Beamten erst im Jahre 1933 zur Bewegung gekommen sei. An diese könne man nicht denselben Parteimaßstab anlegen wie an die älteren Parteigenossen. Außerhalb werde es immer schwierig sein, ein Ideal zu verwirklichen. Etwaige Belastungen in dieser Hinsicht müßten getragen werden.

Ernster sei die Tatsache, daß der Staat auch heute noch unter den Beamten zehntausende teils versteckter, teils lethargischer Gegner habe. Es würden Jahre vergehen, ehe diese Gegner beseitigt seien. Im wesentlichen sei der Staat jetzt nationalsozialistisch, trotzdem Zehntausende von Zentrums- und demokratischen Beamten im Amte hätten bleiben müssen. Es sei falsch, wenn man immer sage, die Beamten der Systemzeit hätten dem Zentrum, der Demokratischen Partei usw. unter Zwang angehören müssen. In Wirklichkeit habe ein großer Teil der früheren Beamtenschaft diesen Parteien aus Überzeugung angehört. Ein Teil der Beamten sei nunmehr von der offenen Sabotage zur passiven Resistenz übergegangen. Es lägen Tatsachen vor, die das bewiesen. In 10–15 Jahren werde man eine Bürokratie haben, die auch wirklich mitgehen wolle. Eine prachtvolle Jugend wachse heran, die zu den besten Hoffnungen berechtige.

Aus: Niederschrift über die Reichsstatthalterkonferenz, Abschrift, BA R 43 II, 311, in: Hans Mommsen, Beamtentum im Dritten Reich, 1966, S. 145 f.

Schreiben des Stellvertreters des Führers an den Reichsverkehrsminister vom 3. April 1940: **18**

Betr.: Ernennung von Reichsbahnbeamten zu Abteilungspräsidenten und Oberbaudirektoren bei den Reichsautobahnen.
Ihr Schreiben vom 24. Februar 1940 - 1 p -.[1]
Mit Schreiben vom 24. Februar 1940 übersandten sie mir 27 Vorschläge zur Ernennung von Reichsbahnbeamten zu Abteilungspräsidenten und Oberbaudirektoren. Über einen Teil der Beamten konnten die Ermittlungen noch nicht abgeschlossen werden. Auf mein Schreiben hierzu vom 28. März 1940 - III P - Kw - nehme ich Bezug. In den übrigen Fällen erhebe ich gegen die für die Ernennung vorgeschlagenen Beamten in politischer Hinsicht im einzelnen keine Bedenken, wenn sie auch fast ausnahmslos den besonderen politischen Anforderungen, die an leitende Beamte gestellt werden müssen, nicht entsprechen. Dies berührt die grundsätzliche Frage der Personalpolitik. Ich füge in der Anlage Abschrift meines Schreibens an Herrn Reichsminister Dr. Lammers bei, in dem ich zu dieser Frage Stellung genommen habe. Aus diesem Schreiben bitte ich zu ersehen, daß ich es nunmehr für unabweisbar notwendig halte, die wichtigeren Beamtenstellungen mit Persönlichkeiten zu besetzen, die über die loyale Einstellung zum nationalsozialistischen Staat hinaus sich durch besondere nationalsozialistische Bewährung ausgezeichnet haben. Hierauf muß ich vor allem deshalb Wert legen, weil aus den Stellen, die auf Grund der jetzt vorliegenden Ernennungsvorschläge besetzt werden sollen, die Leiter der Reichsbahndirektionen und ihre Vertreter hervorgehen. Ich bitte deshalb zu prüfen, ob in dem großen Personalbestand an höheren Beamten, über den Ihre Verwaltung verfügt, für die Abteilungspräsidentenstellen nicht politisch besonders bewährte Beamte zur Verfügung stehen und zumindest ein Teil der jetzt zu besetzenden Stellen solchen Beamten vorbehalten werden kann. Hierzu darf ich nochmals darauf hinweisen, daß sich unter den jetzt

vorgeschlagenen 27 Beamten kein einziger befindet, der besondere Verdienste um die nationalsozialistische Bewegung aufweist. Darüber hinaus wäre ich Ihnen dankbar, wenn politisch bewährte Beamte dienstlich so gefördert würden, daß sie in nächster Zeit in stärkerem Umfange als bisher bei der Besetzung der wichtigeren Stellen berücksichtigt werden können.

Heil Hitler!
i. V. gez. M. Bormann

Abschrift als Anlage zu dem Schreiben des Reichsverkehrsministers an den Reichsminister und Chef der Reichskanzlei vom 9. Mai 1940 (Az.: III - P Kw - Ja), in: H. Mommsen, Beamtentum im Dritten Reich, 1966, S. 196

Die Durchdringung oder Ersetzung der Polizei durch die SS

19 **Erlaß Hitlers über die Stellung der SS,** 20. 7. 1934:

Im Hinblick auf die großen Verdienste der SS, besonders im Zusammenhang mit den Ereignissen des 30. Juni 1934, erhebe ich dieselbe zu einer selbständigen Organisation im Rahmen der NSDAP. Der Reichsführer SS untersteht daher, gleich dem Chef des Stabes, dem Obersten SA-Führer direkt. Der Chef des Stabes und der Reichsführer SS bekleiden den parteimäßigen Rang eines Reichsleiters.

Fritz Maier-Hartmann, Dokumente des Dritten Reiches, hrsg. v. A. Dresler, München, Bd. 2, S. 606, 1939 ff.

20 **Himmler als Chef der deutschen Polizei.** Den Erlaß Hitlers vom 17. 6. 1936 hatten Himmler und Heydrich schließlich gegen den hartnäckigen internen Widerstand des Reichsinnenministers Frick durchgesetzt (vgl. Quelle Nr. 13):

I. Zur einheitlichen Zusammenfassung der polizeilichen Aufgaben im Reich wird ein Chef der Deutschen Polizei im Reichsministerium des Innern eingesetzt, dem zugleich die Leitung und Bearbeitung aller politischen Angelegenheiten im Geschäftsbereich des Reichs- und Preußischen Ministeriums des Innern übertragen wird.
II. Zum Chef der Deutschen Polizei im Reichsministerium des Innern wird der stellvertretende Chef der Geheimen Staatspolizei Preußens, Reichsführer SS Heinrich Himmler, ernannt.
Er ist dem Reichs- und Preußischen Minister des Innern persönlich und unmittelbar unterstellt.
Er vertritt für seinen Geschäftsbereich den Reichs- und Preußischen Minister des Innern in dessen Abwesenheit.
Er führt die Dienstbezeichnung: Der Reichsführer SS und Chef der Deutschen Polizei im Reichsministerium des Innern.
III. Der Chef der Deutschen Polizei im Reichsministerium des Innern nimmt an den Sitzungen des Reichskabinetts teil, soweit sein Geschäftsbereich berührt wird.

IV. Mit der Durchführung dieses Erlasses beauftrage ich den Reichs- und Preußischen Minister des Innern.

Reichsgesetzblatt 1936, I, S. 487

Heinrich Himmler, Reichsführer SS, über Auslesegrundsätze bei der Aufnahme in die SS, in einer Rede vor der Hitlerjugend, 22.5.1936: **21**

Der junge SS-Bewerber kommt mit 18 Jahren von Ihnen aus der HJ! Das wird meistens am 9. November geschehen. Bis zum 30. Januar macht er bei uns seine Bewerberzeit mit und erhält am 30. Januar, am Tage der Machtübernahme, seinen vorläufigen Ausweis. Wie prüfen wir ihn nun, ob wir ihn nehmen?

Wir verlangen von ihm sein persönliches ärztliches Zeugnis, wir verlangen von ihm ein Erbgesundheitszeugnis, d.h. wir prüfen seine ganze Familie. Entdecken wir in seiner Familie irgendeine Krankheit oder Defekt, wird er als untauglich betrachtet, damit wir nicht später, wenn er heiratet, erst merken: der ist ja geisteskrank oder der hat Tuberkulose. Das wird am Anfang schon festgestellt. Es wird ferner das Zeugnis von der HJ und das Führungszeugnis vom Jungvolk verlangt. Es wird weiter ein Zeugnis seiner Eltern verlangt, wie und in welcher Umgebung ist dieser Junge groß geworden. Dann kommt weiter noch als wichtigstes Zeugnis die Ahnentafel. Sie wird bis 1650 von jedem SS-Mann verlangt. Für dieses Jahr ist das Ziel bis zum 1. Oktober auf 1850 gesteckt, bis zum nächsten 1. April wird es auf 1750 gesteckt werden, bis wir bei der gesamten SS und dann bei jedem Bewerber innerhalb der nächsten 3 Jahre auf 1650 angekommen sind....

Nun kommt als letzte Prüfung vielleicht aber die allerwichtigste Prüfung, das, was wir Rassenkommission heißen, Auslesekommission. In der Tierzucht kennt man das schon sehr lange. Wenn jemand ein Pferd kaufen will, ich darf dieses Beispiel hier wieder bringen, dann wird er sich klugerweise irgend jemanden zu Rate ziehen, der ein Pferdekenner ist, selbst wenn die Abstammungstafeln für zwei oder drei oder vier Pferde gleich wertvoll sind und deren Blut ebenfalls gleich wertvoll ist. Dann wird es gut sein, einen Kenner trotzdem noch am Schluß zu fragen, lediglich dem Auge und dem Gefühl und der Erfahrung nach, welches von diesen vier Tieren er nehmen würde. Er wird oft nicht sagen können: ich nehme dieses hier aus dem oder jenem genau logisch definierbaren Grunde, denn das wird beurteilt danach, wie dieses Lebewesen geht, wie es auf Anrufe reagiert, wie sein Auge ist und wie es sich bewegt. Das sind alles Äußerungen, die unmeßbar und unwägbar sind, und trotzdem ist jede einzelne Äußerung ein Ausfluß seines persönlichen Wertes. Das erkennt in der Tierzucht jeder an. Völlig verloren und vergessen haben wir es durch eine tausendjährige christliche Erziehung beim Menschen, seitdem wir diese Erziehung haben und seitdem der Körper sündig ist und man ihn nicht sehen darf, denn das Zeigen des Körpers im Badeanzug war schon eine Sünde. Warum? Weil ja der Körper und weil jede Bewegung der Hand oder des Fußes, das Schreiten, das Gehen oder Trampeln, weil das alles irgendwie einen Wert bedeutet...

Der eine nimmt die Hände ungeheuer straff an die Hosennaht, und der andere lümmelt sich furchtbar dahin und ist dummdreist, und ein Dritter bewahrt bei aller Haltung und soldatischer Form immer noch die Haltung eines freien Herrenmenschen. Das sind alles die unwägbaren, unmeßbaren und niemals reagierbaren Äußerungen, die man kennen muß, die so unendlich viel wichtiger sind als psychologische Prüfungen, viel wichtiger sind als die psychologischen Prüfungen, die den großen Nachteil unter den Menschen haben, weil sie bestimmt von diesen erfunden sind, weil der Jude bedeutend pfiffiger ist als ein schleswig-holsteinischer Bauer und weil die psychologische Prüfung nach meiner Überzeugung in sehr vielen Fällen eine absolut für uns negative Auslese erzielt. Wir gehen auch an diese Frage sehr ruhig heran, denn bei der Auslese z. B. für die Führerschule nehmen wir erst die Wertung rassischer Art durch die Rassekommission vor. Wir werden mit den Leuten auch psychologische Prüfungen machen, und wir wollen im Laufe der Jahre einmal untersuchen, welchen Wert diese psychologischen Prüfungen haben. Maßgebend aber ist für uns die menschliche rassische Untersuchung der Rassekommission...

Heinrich Himmler, Geheimreden 1933–1945, hrsg. von Bradley F. Smith und Agnes F. Peterson, mit einer Einführung von Joachim C. Fest, Berlin 1974, S. 61 ff.

22 Himmler über Auslese, in einer Rede vor SS-Gruppenführern, 8.11.1937:

Verfallen wir niemals in den Wahn der Zahl! Wir können, wenn wir die Forderungen, die wir bisher hatten, aufrecht halten – und sie werden aufrecht erhalten und werden noch schärfer werden –, im Höchstfall 10% der männlichen Jugend unseres Volkes brauchen. Werden Sie mir bitte in den Aufnahmebedingungen und in der Aufnahme selbst niemals weich, auch wenn Sie einmal an einem Ort nicht so viel Anwärter und Bewerber bekommen, wie Sie es wünschen. Gehen Sie aber bei der Aufnahme nicht von unseren Grundsätzen ab.

Ebenda, S. 63

23 Heinrich Himmler über die Aufgabe der Konzentrationslager in einer Rundfunkansprache, 15.1.1937 und einer Rede vor SS-Gruppenführern, 8.11.1937:

Mustergültige Konzentrationslager.
In mustergültigen Konzentrationslagern waren und sind die unbelehrbaren kommunistischen Funktionäre und sonstige Volksschädlinge zum Wohle des deutschen Volkes festgesetzt. Bewacht wurden und werden diese Lager durch die SS-Männer der von Gruppenführer Eicke geführten Totenkopfverbände...
Ich komme nun zu den Konzentrationslagern. Wir hatten bisher das Lager Dachau und das Lager Sachsenhausen bei Berlin und dann noch zwei kleinere Lager Lichtenburg und Sachsenburg und schließlich noch ein kleines in Thüringen. Die kleinen Lager Lichtenburg und Sachsenburg sind zugunsten eines großen Lagers in der Nähe Weimars, des Konzentrationslagers

Buchenwald, aufgelöst worden. Die anderen beiden Lager, Dachau und Sachsenhausen, sind auf je 6000 Häftlinge erweitert worden. Buchenwald ist für 8000 Häftlinge vorgesehen. Ich habe die Überzeugung - es ist gut, wenn man das einmal ausspricht -, daß wir im Falle eines Krieges auch damit nicht auskommen. Ich bin vielmehr der Ansicht, daß ein großer Teil von politischen und kriminellen Verbrechern - wir haben ja in diesem Jahr 2000 kriminelle Verbrecher, die mindestens 6 Vorstrafen und 6–7 Jahre Zuchthaus hatten, eingesperrt, worauf sich die Verbrechensziffer recht erheblich gesenkt hat - viele Jahre ihres Lebens, mindestens aber so lange, bis sie sich an Ordnung gewöhnt haben, und zwar nicht, daß sie nach unserer Überzeugung ordentliche Menschen geworden sind, sondern gebrochen in ihrem Willen, in den Lagern behalten müssen. Es wird sehr viele geben, die wir niemals herauslassen dürfen; denn seien wir uns darüber klar, breite Massen unseres Volkes werden in den nächsten Jahren und Jahrzehnten immer wieder einmal anfällig sein für das Gift des Bolschewismus, das in immer neuen Formen und in homöopathischen Dosen in der raffiniertesten Propaganda gereicht wird. Lassen wir ihre Funktionäre heraus, dann sind sie dem Gift verfallen; nehmen wir ihnen aber die Köpfe und das Führerkorps weg, lassen sie eingesperrt, dann wird der gute Geist im Deutschen in ernsten Tagen auch bei dem, der im Ernst früher Kommunist war, überhandnehmen und er wird dem guten Geist folgen. Würden wir das nicht tun, so muß ich sagen, würde ich heute schon oder erst recht im Ernstfall sehr schwarz sehen.

Heinrich Himmler, Geheimreden, S. 111 f.

Aus einer Rede von SS-Obergruppenführer Heißmeyer bei der Einweihung einer neuen „Nationalpolitischen Erziehungsanstalt", 23.4.1941: **24**

Glauben, Gehorchen, Kämpfen schlechthin!

VfZG 2, 1954, S. 17

Rudolf Höß über die ersten Exekutionen, die er als Adjutant und Schutzlagerführer im Konzentrationslager Sachsenhausen (bei Oranienburg) unmittelbar nach Kriegsausbruch 1939 durchführen mußte. In seinen Erinnerungen schreibt er: **25**

Das war schon nicht mehr menschlich - glaubte ich damals. - Und Eicke predigte weiter vom Noch-härter-werden. Selbst die nächsten Angehörigen muß ein SS-Mann vernichten können, wenn sie sich gegen den Staat oder die Idee Adolf Hitlers vergingen.
„Es gibt nur eines, was Gültigkeit hat: der Befehl" So stand als Vordruck über seinen Briefen.
Was das heißt, und was damit von Eicke gemeint war, lernte ich in diesen ersten Kriegswochen kennen. Nicht nur ich, sondern auch viele alte SS-Führer. Einige davon, mit höherem Dienstrang bei der Allgemeinen SS und sehr niedriger SS-Nummer, die sich dies schon wagten herauszunehmen,

sprachen im Kasino darüber, daß die Henkersarbeit doch den schwarzen Rock der SS besudle. Eicke war dies hinterbracht worden. Er stellte sie zur Rede, berief anschließend eine Führer-Versammlung seines Oranienburger Dienstbereiches ein, in der er ungefähr folgendes sagte: Die Äußerungen über die Henkersarbeit der SS zeugten davon, daß die Betreffenden, trotz ihrer langen Zugehörigkeit zur SS, deren Aufgabe noch nicht begriffen hätten. Die wichtigste Aufgabe der SS wäre aber: den neuen Staat zu schützen mit allen nur zweckdienlichen Mitteln. Jeder Gegner sei, je nach Grad seiner Gefährlichkeit, entweder sicher zu verwahren oder zu vernichten. Beides könne nur durch die SS durchgeführt werden. Nur so könne die Sicherheit des Staates garantiert werden, solange nicht neue, den Staat und das Volk wirklich schützende Gesetze geschaffen seien. Die Vernichtung eines Staatsfeindes im Innern sei genau so Pflicht wie die Vernichtung des Feindes draußen an der Front und könne daher niemals schimpflich genannt werden. Die getanen Äußerungen zeugen von Behaftetsein mit den alten Anschauungen der bürgerlichen Welt, die durch die Revolution Adolf Hitlers längst überfällig geworden seien. Sie zeugen von Weichheit und Gefühlsduselei, die eines SS-Führers unwürdig seien, ja gefährlich werden können. Er müsse daher die Betreffenden dem RFSS zur Bestrafung melden. In seinem Dienstbereich verbäte er sich ein für allemal solche knochenweiche Einstellung. In seinen Reihen könnte er nur bedingungslose harte Männer gebrauchen, die die Bedeutung des Totenkopfes, den sie als besonderes Ehrenzeichen trügen, auch verständen.
Der RFSS hat die Betreffenden nicht direkt bestraft. Sie wurden nur von ihm persönlich verwarnt und belehrt. Aber sie wurde nicht mehr befördert und liefen den ganzen Krieg über als Ober- bzw. Hauptsturmführer herum. Auch mußten sie im Bereich der Insp. KL bis zum Kriegsende verbleiben. Sie haben schwer daran getragen, sie hatten aber gelernt zu schweigen und verbissen ihre Pflicht zu tun...

Rudolf Höß, Kommandant in Auschwitz. Eingeleitet und kommentiert von Martin Broszat, Stuttgart 1958, S. 72

26 **Hitlers Grundsätze betr. die Gründung der Waffen-SS,** die am 21.3.1941 durch einen Befehl des OKH allen Einheitsführern bis zum Kompanie- bzw. Batteriechef einschließlich bekanntgegeben wurden.

...Geheim! Betr.: Waffen-SS. Der Führer äußerte am 6.8.1940 gelegentlich den Befehl zur Gliederung der Leibstandarte Adolf Hitler die in Folgendem zusammengefaßten Grundsätze zur Notwendigkeit der Waffen-SS:
Das Großdeutsche Reich in seiner endgültigen Gestalt wird mit seinen Grenzen nicht ausschließlich Volkskörper umspannen, die von vornherein dem Reich wohlwollend gegenüber stehen. Über den Kern des Reiches hinaus ist es daher notwendig, eine Staatstruppenpolizei zu schaffen, die in jeder Situation befähigt ist, die Autorität des Reiches im Innern zu vertreten und durchzusetzen. Diese Aufgabe kann nur eine Staatspolizei erfüllen, die in ihren Reihen Männer besten deutschen Blutes hat und sich ohne jeden

Vorbehalt mit der das Großdeutsche Reich tragenden Weltanschauung identifiziert. Ein so zusammengesetzter Verband allein wird auch in kritischen Zeiten zersetzenden Einflüssen widerstehen. Ein solcher Verband wird im Stolz auf seine Sauberkeit niemals mit dem Proletariat und der die tragende Idee unterhöhlenden Unterwelt fraternisieren.
In unserem zukünftigen Großdeutschen Reich wird aber auch eine Polizeitruppe nur dann den anderen Volksgenossen gegenüber die notwendige Autorität besitzen, wenn sie soldatisch ausgerichtet ist. Unser Volk ist durch die ruhmvollen Ereignisse kriegerischer Art und die Erziehung durch die nationalsozialistische Partei derart soldatisch eingestellt, daß eine „strumpfstrickende“ Polizei (1848) oder eine „verbeamtete Polizei“ (1918) sich nicht mehr durchsetzen kann. Daher ist es notwendig, daß sich diese „Staatspolizei“ in geschlossenen Verbänden an der Front ebenso bewährt und ebenso Blutopfer bringt wie jeder Verband der Wehrmacht.
In den Reihen des Heeres nach Bewährung im Felde in die Heimat zurückgekehrt, werden die Verbände der Waffen-SS die Autorität besitzen, ihre Aufgaben als „Staatspolizei“ durchzuführen. Diese Verwendung der Waffen-SS im Innern liegt ebenso im Interesse der Wehrmacht selbst.
Es darf niemals mehr in der Zukunft geduldet werden, daß die deutsche Wehrmacht der allgemeinen Wehrpflicht bei kritischen Lagen im Innern gegen eigene Volksgenossen mit der Waffe eingesetzt wird. Ein solcher Schritt ist der Anfang vom Ende. Ein Staat, der zu diesem Mittel greifen muß, ist nicht mehr in der Lage, seine Wehrmacht gegen den äußeren Feind einzusetzen, und gibt sich damit selbst auf. Unsere Geschichte hat dafür traurige Beispiele. Die Wehrmacht ist für alle Zukunft einzig und allein zum Einsatz gegen die äußeren Feinde des Reiches bestimmt.
Um sicherzustellen, daß die Qualität der Menschen in den Verbänden der Waffen-SS stets hochwertig bleibt, muß die Aufstellung der Verbände begrenzt bleiben.
Der Führer sieht diese Begrenzung darin, daß die Verbände der Waffen-SS im allgemeinen die Stärke von 5–10 Prozent der Friedensstärke des Heeres nicht überschreitet...

IMT XXXV, S. 356 f.

Hitler-Jugend, Schule und Arbeitsdienst

„Werbeschreiben“ der HJ aus dem Jahre 1934: **27**

Hitlerjugend Wiesbaden, den 3. Mai 1934
Bann 80 Wiesbaden

Zu letztenmal wird zum Appell geblasen!
Die Hitlerjugend tritt heute mit der Frage an Dich heran: Warum stehst Du noch außerhalb der Reihen der Hitlerjugend? Wir nehmen doch an, daß Du Dich zu unserem Führer Adolf Hitler bekennst. Dies kannst Du jedoch nur,

wenn Du dich gleichzeitig zu der von ihm geschaffenen Hitlerjugend bekennst. Es ist nun an Dich eine Vertrauensfrage: Bist Du für den Führer und somit für die Hitlerjugend, dann unterschreibe die anliegende Aufnahmeerklärung. Bist Du aber nicht gewillt, der HJ beizutreten, dann schreibe uns dies auf der anliegenden Erklärung ... Wir richten heute einen letzten Appell an Dich. Tue als junger Deutscher Deine Pflicht und reihe Dich bis zum 31. Mai d. J. ein bei der jungen Garde des Führers!

Heil Hitler!
Der Führer des Bannes 80.

Erklärung
Unterzeichneter erklärt hierdurch, daß er nicht gewillt ist, in die Hitlerjugend (Staatsjugend) einzutreten, und zwar aus folgenden Gründen:

Unterschrift des Vaters::	Unterschrift des Jungen:
Beruf:	Beruf:
Beschäftigt bei::	Beschäftigt bei:

Arno Klönne, Gegen den Strom, Hannover 1960, S. 46

28 **Aus dem Leben christlicher Jugend nach 1933,** ein alltägliches Beispiel:

Lieber Herr Bundeswart!
... Verschiedene Vereine haben hier im Siegerland eigene Landheime. In diesen Landheimen haben sich in der letzten Zeit ... unsere Jungens mit ihren Jugendwarten zur Bibelarbeit versammelt. Nun werden diese Zusammenkünfte in letzter Zeit immer wieder gestört. Im Beienbach z. B. wurden die Jungens unter 18 Jahren mitten in der Nacht des Heimes verwiesen. Dem Führer wurde Haft angedroht, wenn er die Jungens unter 18 Jahren noch einmal zusammenrufe. Die Ausführer waren 3 geheime Staatspolizisten unter Führung des Jungbannführers der hiesigen Gegend. Immer führt man an, daß wir Bibelarbeit nur in unseren Heimatorten zu tun hätten. Da wir in diesem Falle einmal gerne ganz klar sehen möchten, sind wir gewillt, die Frage grundsätzlich auch hier bei uns einmal klären zu lassen. In der bekannten Verfügung der geheimen Staatspolizei in Dortmund, die Ihnen bekannt ist, ist meines Erachtens nicht von einem Verbot derartiger Zusammenkünfte die Rede ... Was sollen wir tun? Sollen wir die Arbeit aufgeben? Nein, dieses ist nicht möglich! Schaden wir unserer Arbeit, wenn wir die Frage einmal auf die Spitze treiben lassen?
Auch unsere Jugendstunden werden in letzter Zeit beobachtet. Man droht den Jungens der HJ, wenn sie zu uns in die Bibelstunden kommen.
Auf uns persönlich kommt es hier ja nicht an, auch wenn man mit Haft droht ...
Ist es verboten, in Landheimen zu Bibeltagen zusammenzukommen? Ist es uns nur erlaubt, in unseren Vereinen und Jugendstunden mit unseren Jungens zusammenzusein, oder dürfen wir auch in Ferienlagern mit ihnen in Gemeinschaft leben?

Sollen wir es auf eine richterliche Entscheidung ankommen lassen? – Da die Vorladungen vor die Polizei vielleicht in diesen Tagen erfolgen, wäre ich Ihnen sehr zu Dank verpflichtet, wenn Sie mir auf diese Frage baldige Nachrichten zukommen lassen würden...

Manfred Priepke, Die evangelische Jugend im 3. Reich 1933–36. Hannover/Frankfurt/M., 1960, S. 223

Gesetz über die Hitlerjugend vom 1.12.1936: **29**

Von der Jugend hängt die Zukunft des deutschen Volkes ab. Die gesamte deutsche Jugend muß deshalb auf ihre künftigen Pflichten vorbereitet werden. Die Reichsregierung hat daher das folgende Gesetz beschlossen, das hiermit verkündet wird:

§ 1 Die gesamte deutsche Jugend innerhalb des Reichsgebietes ist in der Hitlerjugend zusammengefaßt.

§ 2 Die gesamte deutsche Jugend ist außer in Elternhaus und Schule in der Hitlerjugend körperlich, geistig und sittlich im Geiste des Nationalsozialismus zum Dienst am Volk und zur Volksgemeinschaft zu erziehen.

§ 3 Die Aufgabe der Erziehung der gesamten deutschen Jugend in der Hitlerjugend wird dem Reichsjugendführer der NSDAP übertragen. Er ist damit „Jugendführer des Deutschen Reiches". Er hat die Stellung einer obersten Reichsbehörde mit dem Sitz in Berlin und ist dem Führer und Reichskanzler unmittelbar unterstellt.

§ 4 Die zur Durchführung und Ergänzung dieses Gesetzes erforderlichen Rechtsverordnungen und allgemeinen Verwaltungsvorschriften erläßt der Führer und Reichskanzler.

Reichsgesetzblatt 1936, I., S. 993

Erklärung des Reichsjugendführers Baldur von Schirach zum Hitler-Jugend-Gesetz vom 2.12.1936: **30**

Die Reichsregierung hat am 1. Dezember ein Gesetz beschlossen, dessen Bedeutung für die Erziehung unserer Jugend erst in späteren Jahren ganz verstanden werden wird. Obwohl das Gesetz über die Hitlerjugend etwas Einzigartiges und Einmaliges in der Geschichte der menschlichen Erziehung darstellt, ist es praktisch doch nichts anderes als die staatliche Anerkennung einer bereits vollzogenen Entwicklung. Denn die Jugend, die nunmehr durch Gesetz und Unterschrift des Führers und Reichskanzlers in der Hitlerjugend Dienst tun soll, ist zum weitaus größten Teil bereits hinter unseren Fahnen angetreten. Nicht dieses noch irgendein anderes früheres Gesetz hat die Jugend für die nationalsozialistische Staatsidee mobilisiert; sie ist aus freiwilligem Entschluß, aus Begeisterung und echtem sozialistischem Gefühl zur HJ gestoßen. ...

Aber gerade in diesem Zeitpunkt scheint es mir wichtig und wesentlich, daß wir uns der Grundätze erinnern, nach denen diese Jugend einst angetreten ist und gekämpft und gesiegt hat. Das große und weise Wort: Jugend muß von Jugend geführt werden, das der Führer mir einst in der schwersten Zeit des Kampfes auf meinen Weg mitgab, als er mir den Sektor Jugend der Nationalsozialistischen Arbeiterpartei anvertraute, wird auch in Zukunft Richtlinie unserer Arbeit bleiben. Auch ich selbst gedenke nicht, dereinst mit langem Bart vor meiner Jugend herzuwanken. Die Führung jeder Einheit der Jugend muß dem Geiste der Jugend entsprechen! Nicht unreife Nichtkönner, sondern junge Aktivisten, die in unseren Führerschulen und Akademien hart angefaßt worden sind, werden auch in Zukunft der Jugend vorangestellt werden. ...

Meine Tätigkeit in der Zukunft wird nunmehr ganz der Führung und Ausrichtung meiner Millionengefolgschaft gewidmet sein. Der Streit um die Einheit der Jugend ist vorüber, und so, wie ich die Millionen einst in marxistischen Jugendverbänden organisierter Jugendlicher versöhnt und als treue Kameraden und Mitarbeiter gewonnen habe, hoffe ich, auch alle anderen, die nunmehr durch den Willen des Reiches in unsere Gemeinschaft kommen, zu versöhnen und innerlich zu gewinnen.

Ich gedenke weder in den Wäldern Germaniens heidnische Opferstätten zu errichten und die Jugend zu irgendeinem Wotanskult zu bringen, noch das junge Deutschland sonstwie den Zauberkünsten irgendwelcher bärtiger Krautapostel auszuliefern. Im Gegenteil! Möge jeder der religiösen Überzeugung dienen, die er vor seinem Gewissen verantworten kann.

Die Hitlerjugend ist keine Kirche und die Kirche keine Hitlerjugend. Die von mir geführte und verantwortete Gemeinschaft wird im Sinne des Führers für den nationalsozialistischen Staat ausschließlich durch mich und meine Unterführer bestimmt werden. Und ich gebe der deutschen Öffentlichkeit das Versprechen ab, daß die Jugend des Deutschen Reiches, die Jugend Adolf Hitlers, im Sinne des Mannes, dem allein ihr Leben gehört, ihre Pflicht erfüllen wird.

Dokumente der deutschen Politik, Bd. 4, Berlin 1938, S. 329–331

31 Hitler über Schule und Hitler-Jugend:

Im Verlauf des Abendessens führte Hitler aus, daß die Schule ebenso wie die Presse ein Volkserziehungsinstrument sei. Auf ihre Lenkung und Ausrichtung dürften daher private Eigentumsinteressen keinerlei Einfluß haben.

Als Erziehungsinstrument der Jugend reiche die Schule aber nicht aus. Denn sie stelle in erster Linie auf die Unterrichtsleistungen der jungen Menschen ab.

Er habe deshalb zusätzlich die HJ geschaffen und sie unter das kühne Motto gestellt, daß in ihr die Jugend von Jugend geführt werden solle. Er habe damit erreicht, daß die Jugend schon in früheren Jahren nach denen durchgesichtet werde, die „rädeln“, sich also als kleine Rädelsführer herausschälen. Zu der Beurteilung durch den Lehrer, die mehr oder minder auf das exakte Wissen eines Menschen abstelle, käme so in der HJ eine Beurteilung durch die Jugendführung hinzu, die den entscheidenden Wert auf

Abb. 1: Hitlerjugend mit Fahnen auf dem Reichsparteitag, Nürnberg 1938. Nach der „Machtergreifung" wurden die zahlreichen Jugendverbände, die es in der Weimarer Republik gegeben hatte, in die Hitlerjugend eingegliedert oder aber aufgelöst. Schamlos wußte die NSDAP die Begeisterungsfähigkeit und die Opferbereitschaft der Jugend für ihre Ziele auszunutzen. Schließlich diente die Hitlerjugend, je länger sich der Krieg hinzog, immer mehr als Rekrutenreservoir der Wehrmacht und der Waffen-SS.

Charaktereigenschaften lege, also auf die kameradschaftliche Haltung, Härte, Mut, Tapferkeit und jugendliche Führungsfähigkeiten...

Tischgespräche, S. 367

32 In den 1939 vom Reichsminister für Wissenschaft, Erziehung und Volksbildung erlassenen **Reichsrichtlinien für „Erziehung und Unterricht in der Volksschule"** hieß es in den vorangestellten Grundsätzen:

1. Die Aufgabe der deutschen Schule ist es, gemeinsam mit den anderen nationalsozialistischen Erziehungsmächten, aber mit den ihr gemäßen Mitteln die Jugend unseres Volkes zu körperlich, seelisch und geistig gesunden und starken deutschen Männern und Frauen zu erziehen, die, in Heimat und Volkstum fest verwurzelt, ein jeder an seiner Stelle zum vollen Einsatz für Führer und Volk bereit sind. Im Rahmen dieser Aufgabe trägt die Volksschule die Verantwortung dafür, daß die Jugend mit den grundlegenden Kenntnissen und Fertigkeiten ausgerüstet wird, die für den Einsatz ihrer Kräfte in der Volksgemeinschaft und zur Teilnahme am Kulturleben unseres Volkes erforderlich sind...

Die Volksschule hat nicht die Aufgabe, vielerlei Kenntnisse zum Nutzen des einzelnen zu vermitteln. Sie hat alle Kräfte der Jugend für den Dienst an Volk und Staat zu entwickeln und nutzbar zu machen. In ihrem Unterricht hat daher nur der Stoff Raum, der zur Erreichung dieses Zieles erforderlich ist. Sie muß sich daher von all den Stoffen frei machen, die auf Grund überwundener Bildungsvorstellungen in sie eingedrungen sind.

2. Der Unterricht in der Volksschule kann sein erziehliches Ziel nur erreichen, wenn er auf allen Stufen lebensnah ist. Heimat und Volk stehen im Mittelpunkt der Arbeit. Der Unterricht in den unteren Klassen ist inhaltlich an den Erfahrungskreis der noch ganz in der Familie und Schule wurzelnden Kinder gebunden. Später wird er durch das werktätige Leben, vor allem durch die Berufsarbeit der Väter und Mütter entscheidend mitbestimmt. Hierdurch und durch die Eingliederung der Werkarbeit für Jungen und Mädchen in den Unterricht trägt die Volksschule dazu bei, daß die Bedeutung der Arbeit im Leben unseres Volkes, insbesondere der Handarbeit, richtig erkannt und gewürdigt wird. Indem die Volksschule in ihrer gesamten Unterrichtsarbeit bewußt von der Anschauung der völkischen Lebenswirklichkeit ausgeht und planmäßig zur eigenen Arbeit anleitet, legt sie in den Kindern den Grund zu jener Haltung, mit der alle Stände des schaffenden Volkes, jeder nach seiner Anlage und Leistung, seinen Platz im nationalsozialistischen Volksleben einnimmt...

Bei den im engeren Sinne erziehlich wirkenden, insbesondere den nationalpolitischen Stoffen hat sich der Lehrer davor zu hüten, ihre Gesinnung und Willen bildende Wirkung durch Zerreden, Zerfragen, abstrakte Lehre oder gedächtnismäßigen Drill abzuschwächen oder zu vernichten. Die freudige Bejahung der nationalsozialistischen Weltanschauung durch den Lehrer und sein überzeugendes Vorbild sind für die erfolgreiche Vermittlung der nationalpolitischen Stoffe entscheidend. Das klare, begeisternde Lehrerwort wird als schlichtanschauliche Erzählung und Darstellung von besonderer Wirkung sein.

Zur Geschichte der Volksschule, Bd. 2, hrsg. von Wolfgang Scheibe, 2. Aufl., Bad Heilbrunn, S. 82 ff.

In der Einführung zum maßgebenden Unterstufen-Geschichtsbuch „Führer und Völker" (1939) wird die **Aufgabe des Geschichtsunterrichts** wie folgt zusammengefaßt: **33**

Es war das Besondere des Umbruchs von 1933, daß nicht nur politisch eine ganz neue Lage geschaffen wurde, sondern das Gesamtleben der Nation eine grundlegende Umwälzung erfuhr, und es war bezeichnend für die Ursprünglichkeit und Echtheit der nationalsozialistischen Revolution, daß die entscheidenden neuen Erkenntnisse nicht von der zünftigen Wissenschaft herkamen. Diese stand vielmehr plötzlich vor ganz neuen Fragen, an erster Stelle natürlich die Geschichtswissenschaft...In der Notzeit unseres Volkes wurde uns ein Führer geschenkt, der uns das Wirkliche und Wesentliche sehen lehrte. Wir wissen heute wieder, was Blut und Boden, Rasse und Volkstum bedeuten, wir erkennen wieder die wahren Werte unserer germanisch-deutschen Art, als da sind Ehre, Treue, Heldentum, Pflichtbewußtsein und Verantwortungsgefühl; wir haben wieder gelernt, was Führer heißt und Gefolgschaft. Das Thema unseres Buches ist die Volkwerdung der Deutschen oder genauer, deutsches Volk und Volkstum in seinem schicksalhaften Ringen um artgemäße Entfaltung im Kampfe um seinen Lebensraum, um seine Einheit und das Reich. Also deutsche Geschichte, und zwar gesamtdeutsche, völkische im Mittelpunkt, und mit ihr im Zusammenhang die Geschichte der andern Völker, soweit sie für uns von Bedeutung sind. Und weiter: Politische Geschichte im Zentrum, aber auch diese im weitesten Sinne. Daß Vorgeschichte, Wehrgeschichte, Geopolitik und biologische Betrachtung ganz anders zu ihrem Recht kommen werden als früher, ergibt sich aus unserer neuen Schau ohne weiteres.
Der entscheidende Maßstab für die Bewertung der führenden deutschen Männer und der richtunggebenden Ideen in der tragischen Wellenbewegung des deutschen Geschichtsverlaufs wird sich immer aus der Leistung für die Erhaltung von Blut und Boden, für die Sicherung der artgemäßen sittlichen Güter ergeben. Somit erleben wir im Staate Adolf Hitlers die endliche Verwirklichung des wahren deutschen Volksstaates und den Anfang einer neuen deutschen Epoche, in der sich echte deutsche Art organisch und dynamisch entwickelt...
„Führer und Völker" soll unser Lehrbuch heißen. Schicksalhaft haben wir es erfahren, daß, wie ein Führer nur aus echtem Volk und Volkstum erwachsen kann, so ein Volk ohne Führer verloren ist. Und auch das haben wir erlebt, daß der große Führer stets der größte Erzieher ist. An seinem mutvollen Glauben an seines Volkes Zukunft und Berufung unter den Völkern der Erde hat sich unser Glaube entzündet, und so halten wir dafür, daß unser Werk seinen schönsten Lohn empfängt, wenn es in unserer Jugend den Glauben wecken kann an die Größe und weltgeschichtliche Sendung unseres Volkes, an dieses ewige Deutschland, wie es sich offenbart hat im großdeutschen Dritten Reich.

Erziehung und Schulung im Dritten Reich. Teil I: Kindergarten, Schule, Jugend, Berufserziehung, hrsg. von Manfred Heinemann, Stuttgart 1980, S. 261 f.

34 **43. Reichsarbeitsdienstgesetz** vom 26.6.1935. Die in der Jugendbewegung entwickelte und erprobte Idee des Arbeitsdienstes war schon zur Zeit der großen Arbeitslosigkeit 1931 als Freiwilligen-Arbeitsdienst eingeführt worden. Sie wurde von Hitler übernommen und zur Arbeitsdienstpflicht umgewandelt.

Die Reichsregierung hat folgendes Gesetz beschlossen, das hiermit verkündet wird:
Abschnitt I. Der Reichsarbeitsdienst.
§ 1. Der Reichsarbeitsdienst ist Ehrendienst am deutschen Volke. Alle jungen Deutschen beiderlei Geschlechts sind verpflichtet, ihrem Volk im Reichsarbeitsdienst zu dienen.
Der Reichsarbeitsdienst soll die deutsche Jugend im Geiste des Nationalsozialismus zur Volksgemeinschaft und zur wahren Arbeitsauffassung, vor allem zu gebührenden Achtung der Handarbeit erzielen.
Der Reichsarbeitsdienst ist zur Durchführung gemeinnütziger Arbeiten bestimmt.
§ 2. Der Reichsarbeitsdienst untersteht dem Reichsminister des Innern. Unter ihm übt der Reichsarbeitsführer die Befehlsgewalt über den Reichsarbeitsdienst aus...
Abschnitt II. Arbeitsdienstpflicht der männlichen Jugend.
§ 3. Der Führer und Reichskanzler bestimmt die Zahl der alljährlich einzuberufenden Dienstpflichtigen und setzt die Dauer der Dienstzeit fest.
Die Dienstpflicht beginnt frühestens nach vollendetem 18. und endet spätestens mit Vollendung des 25. Lebensjahres...

Dokumente der deutschen Politik, Bd. 3, S. 249 f.

Die Durchdringung der Wehrmacht

35 **Reichswehrminister v. Blomberg über die Stellung der Wehrmacht** in der Befehlshaberbesprechung am 1.6.1933:

Jetzt ist das Unpolitischsein vorbei, und es bleibt nur eins: der nat[ionalsozialistischen] Bewegung mit voller Hingabe zu dienen.

Originalnotizen des Generals Liebmann aus den Befehlshaberbesprechungen 1933/35; zit. bei Sauer in Bracher, Sauer, Schulz: Die nationalsozialistische Machtergreifung, S. 730

36 **Hitler zur Stellung der Wehrmacht** in seiner Reichstagsrede vom 13.7.1934, nach der Röhm-Krise:

Die oberste Spitze der Armee ist der Generalfeldmarschall und Reichspräsident. Ich habe als Kanzler in seine Hand meinen Eid abgelegt. Seine Person ist für uns alle unantastbar. Mein ihm gegebenes Versprechen, die Armee als unpolitisches Instrument des Reiches zu bewahren, ist für mich bindend aus innerster Überzeugung und aus meinem gegebenen Wort." – Der Wehrminister des Reichs „hat die Armee aus innerstem Herzen versöhnt mit den Revolutionären von einst und verbunden mit ihrer Staatsführung von heute. Er hat in treuester Loyalität sich zu dem Prinzip bekannt, für das ich selbst mich bis zum letzten Atemzuge einsetzen werde. Es gibt im Staate nur einen Waffenträger: die Wehrmacht. Und nur einen Träger des politischen Willens: dies ist die Nationalsozialistische Partei.

Dokumente der deutschen Politik, Bd. 2, S. 23

Der neue Eid der Wehrmacht, 2. 8. 1934: **37**

Ich schwöre bei Gott diesen heiligen Eid, daß ich dem Führer des Deutschen Reiches und Volkes, Adolf Hitler, dem Oberbefehlshaber der Wehrmacht, unbedingten Gehorsam leisten und als tapferer Soldat bereit sein will, jederzeit für diesen Eid mein Leben einzusetzen.

Aus einer Niederschrift von Generaloberst Frhr. v. Fritsch als Oberbefehlshaber des Heeres, 1. 2. 1938: **38**

Ganz unabhängig davon, daß die Grundlage unseres heutigen Heeres nationalsozialistisch ist und sein muß, kann ein Eindringen parteipolitischer Einflüse in das Heer nicht geduldet werden.

Friedrich Hoßbach, Zwischen Wehrmacht und Hitler, 1934–1938, Wolfenbüttel-Hannover 1948, S. 70

Hitler über die Aufgabe des Oberbefehlshabers. Nach Entlassung von Brauchitschs und seiner eigenen Übernahme des Oberbefehls über das Heer, 19. 1. 1941, sagte er zu Halder: **39**

Das bißchen Operationsführung kann jeder machen. Die Aufgabe des Oberbefehlshabers des Heeres ist es, das Heer nationalsozialistisch zu erziehen. Ich kenne keinen General des Heeres, der diese Aufgabe in meinem Sinne erfüllen könnte.

Peter Bor, Gespräche mit Halder, Wiesbaden 1950, S. 214

Hitler über die Generäle, 1943: **40**

... Über die Generalität fällt der Führer nur negative Urteile. Sie beschwindele ihn, wo sie nur könne. Außerdem sei sie ungebildet und verstehe nicht einmal ihr eigenes Kriegshandwerk, was man doch zum mindesten erwarten könne. Daß die Generalität keine höhere Kultur besitze, dürfe man ihr zwar nicht zum Vorwurf machen, denn dafür sei sie nicht erzogen worden. Aber daß sie auch in den rein materiellen Fragen des Krieges so schlecht Bescheid wisse, das spreche absolut gegen sie. Ihre Erziehung sei seit Generationen falsch gewesen. Die Produkte dieser Erziehung sehen wir heute in unserem höheren Offizierskorps vor uns.
... Das Urteil des Führers über die moralischen Qualitäten der Generalität, und zwar aller Waffenteile, ist vernichtend. A priori glaubt er einem General nicht. Es beschwindeln ihn alle, machen gut Wetter, kommen mit Zahlen, die ein Kind widerlegen kann, und stellen damit Zumutungen an die

Intelligenz des Führers, die geradezu beleidigend sind. Jedenfalls läßt der Führer sich in Fragen des Luftkrieges nichts mehr vormachen. Er weiß ganz genau Bescheid und wird auch nicht ruhen und nicht rasten, bis auch Göring sich Klarheit über den Luftkrieg verschafft hat...

Goebbels' Tagebücher 9. 3. 1943, hrsg. von L. P. Lochner, Zürich, 1948, S. 255 ff.

41 **Aus einem Brief von Oberst Stieff** an seine Frau, 28. 8. 1942:

Insgesamt ist die Lage, besonders hier in der Mitte, schwieriger als im Winter. Denn wir haben ja einen neuen Winter vor der Tür, ohne daß im jetzigen Sommer auch nur annähernd das gesteckte operative Ziel erreicht wurde. Dabei werden wir immer blutärmer hier ohne die Aussicht, daß dieser Blutarmut gesteuert werden kann. Ich fange ernstlich an, am Ausgang zu zweifeln! – Aber das ist alles kein Wunder, denn wenn jemand größenwahnsinnig wird und auf keinen Rat mehr hört, dann muß er eben verdorben werden. Nur schade, daß so viele unschuldige anständige Menschen darunter leiden müssen. Und um dieser Menschen wegen muß man seine Pflicht erfüllen, – auch gegen einen Wahnsinn! Denn jeder Gehorsam hat bestimmte Grenzen. Und ich habe durchaus die Absicht, auf der Seite der Vernunft zu bleiben. So weit sind wir schon gekommen, – Du wirst verstehen, was ich meine. Schließlich hat man ja auch vor Gott Pflichten, der einen auf seinen Platz gestellt hat und einem die Gaben mitgegeben hat, über die man verfügt. Mit dem tatenlosen Zuschauen bzw. blind vertrauenden Ausführen irrsinniger Weisungen muß nun mal Schluß sein,...

VfZG 2, 1954, S. 304

42 **Über die Aufgaben des NS-Führungsoffiziers.** Aus der Rede des Hauptbereichsleiters Ruder in der Parteikanzlei, 23. 2. 1944, vor den Reichs- und Gauleitern:

Ich habe den Auftrag, über die Aufgaben des nationalsozialistischen Führungsoffiziers und die Maßnahmen zur Aktivierung der politischen Führung und Erziehung in der Wehrmacht zu sprechen.

Die Grundlage bildet der Führerbefehl vom 22. 12. 43, der Ihnen durch den Leiter der Partei-Kanzlei, Reichsleiter Bormann, übermittelt wurde. Einige Grundmerkmale dieses Führungsbefehls sind:

1. Der Führerbefehl sieht die Schaffung einer politischen und weltanschaulichen Führungsstelle in der Wehrmacht selbst vor. Das ist neu.
2. Durch die Feststellung, daß der Chef des NS-Führungsstabes des OKW im unmittelbaren Auftrag des Führers handelt, ist die Bedeutung dieser Aufgabe besonders herausgestellt.
3. Bei allen Maßnahmen personeller wie sachlicher Art ist das Einvernehmen mit dem Leiter der Partei-Kanzlei herzustellen. Dadurch wird sichergestellt, daß die nationalsozialistische Führungs- und Erziehungsarbeit in der Wehrmacht nach den von der Partei herausgegebenen, für das gesamte Volk gültigen politischen und weltanschaulichen Grundsätzen erfolgt.

4. Dieser Führerbefehl fordert nicht nur die Verstärkung der in der Wehrmacht seither durchgeführten nationalsozialistischen Schulungsarbeit, sondern er spricht von einer nationalsozialistischen Führung in der Wehrmacht. Die Erziehung, die Schulung sind nur ein Bestandteil dieses Gesamtauftrages der nationalsozialistischen Führung. Die Forderung einer nationalsozialistischen Führung in der Wehrmacht wird auch durch die Bezeichnung „Nationalsozialistischer Führungsstab" im OKW und in den drei Wehrmachtsteilen und durch die Bezeichnung „Offizier für nationalsozialistische Führung" noch einmal besonders unterstrichen.
5. Der Chef des Führungsstabes des OKW hat auch auf die personelle Gestaltung Einfluß. Bei der Besetzung der Stellen leitender Offiziere und Wehrmachtsbeamter der NS-Führungsstäbe der Oberkommandos ist er zu hören. Bei der Auswahl der NS-Führungsoffiziere steht ihm in Zusammenarbeit mit dem Leiter der Partei-Kanzlei ein Vorschlags- und Einspruchsrecht zu. Außerdem stellt er Richtlinien für die politisch-weltanschaulichen Voraussetzungen auf, die die Offiziere und Wehrmachtsbeamten erfüllen müssen, wenn sie in Stellen für die Ausbildung und Förderung von Offizieren und Wehrmachtsbeamten sowie des Führer- und Unterführernachwuchses verwendet werden sollen...
... Der Führer hat nach dem Frankreich-Feldzug einmal von der nationalsozialistischen Revolutionsarmee gesprochen. Wir Nationalsozialisten, die wir das Glück hatten, als Soldaten nach dem siegreichen Feldzug in Frankreich einzumarschieren, empfanden diesen Einmarsch in Frankreich, das Zusammenbrechen der französischen Macht, nicht zuletzt als einen Sieg der stärkeren nationalsozialistischen Idee über die alte zusammenbrechende Welt des Liberalismus im Westen. Wir wissen aber, daß damals die Masse unserer Kameraden, die mit uns marschierte, noch nicht ganz die tiefe Bedeutung dieses weltanschaulichen Kampfes begriff oder bewußt erlebte. Ich glaube, die eigentliche Belehrung haben wir alle erst nachher im Kampf mit dem bolschewistischen Weltfeind im Osten bekommen. Das war die deutlichste Unterstreichung der Notwendigkeit, daß eine Armee, die siegreich bestehen will, auch politisch fanatisiert sein muß, daß jeder Soldat wissen muß, wofür er kämpft. So mancher Kommandeur und mancher Einheitführer, der früher davon sprach, daß die Wehrmacht mit Politik nichts zu tun habe, und der sich auch früher mit politischen Dingen nicht beschäftigte, wurde durch die Fragen seiner Landser, die sie aus dem Erlebnis des Ostens und der bolschewistischen Macht stellten, gezwungen, sich selbst mit politischen Problemen zu befassen, um dem Soldaten auch auf seine politischen und weltanschaulichen Fragen eine Antwort geben zu können.
Die Parole vom „unpolitischen Soldaten" ist heute im großen und ganzen begraben. Der Führer hat es mehrmals in seinen Ansprachen vor den Kommandeuren als unwahr hingestellt, daß der Soldat unpolitisch gewesen sei. Der Soldat war immer der Vollstrecker eines politischen Auftrags. Er kämpft mit der Waffe unter Einsatz seines Lebens für ein politisches Ziel

und heute für die nationalsozialistische Idee und ihre Führung in Europa. Er ist ein Instrument der politischen Führung. Der Führer sagte, die Wehrmacht sei nichts anderes als der Schwertarm des Politischen Leiters. Er sprach davon, daß der Nationalsozialismus das ganze deutsche Volk in eine einzige politische und weltanschauliche Erziehung genommen habe. Es sei daher unvorstellbar, daß diese Erziehung, die bereits von den Eltern im Elternhaus begonnen, sich fortsetzte über Schule und Hitler-Jugend, über die Gliederungen der Partei und in der Partei selbst, nun auf einmal aufhören solle, wenn der junge Mann als Soldat zur Wehrmacht kommt. Der Führer sagte, wer hierauf verzichte, beraube sich selbst der stärksten Kraft, die auch dann noch wirksam ist, wenn Drill und Gehorsam längst nicht mehr ausreichen. Der Führer betonte weiter, er verlange vom Offizier nicht, daß er „loyal" der Partei und ihren Zielen gegenüberstehe, sondern gerade der Offizier müsse der fanatischste Repräsentant des nationalsozialistischen Staates sein.
Dadurch hat der Führer deutlich die Notwendigkeit und auch die Zielsetzung dieser Arbeit der politischen Aktivierung der Wehrmacht und - man könnte sagen - ihrer politischen Fanatisierung umrissen.

VfZG 9, 1961, S. 104 ff.

43 Persönliches Schlußwort des Chefs des OKW, Generalfeldmarschall Keitel, am Ende des Nürnberger Hauptprozesses:

Mein Verteidiger hat mir im Laufe des Verfahrens zwei grundsätzliche Fragen vorgelegt. Die erste ... lautete: „Würden Sie im Falle eines Sieges abgelehnt haben, an dem Erfolg zu einem Teil beteiligt gewesen zu sein?" Ich habe geantwortet: „Nein, ich würde sicher stolz darauf gewesen sein." Die zweite Frage lautete: „Wie würden Sie sich verhalten, wenn Sie noch einmal in die gleiche Lage kämen?" Meine Antwort: „Dann würde ich lieber den Tod wählen, als mich in die Netze so verderblicher Methoden verstricken zu lassen." Aus diesen beiden Antworten möge das Hohe Gericht meine Beurteilung erkennen. Ich habe geglaubt, ich habe geirrt und war nicht imstande zu verhindern, was hätte verhindert werden müssen. Das ist meine Schuld. Es ist tragisch, einsehen zu müssen, daß das Beste, was ich als Soldat zu geben hatte, Gehorsam und Treue, für nicht erkennbare Absichten ausgenutzt wurde und ich nicht sah, daß auch der soldatischen Pflichterfüllung eine Grenze gesetzt ist.

IMT, XXII, S. 428 ff

Die Durchdringung der Wirtschaft

44 Robert Ley vor rheinisch-westfälischen Wirtschaftsführern in Düsseldorf am 14.4.1934:

... Ich hoffe, bis zum 1. Mai den größten Teil unserer deutschen Wirtschaftsführer von der Richtigkeit unseres Weges zu überzeugen. Es darf für uns in Deutschland künftig keinen Feind und keinen Gegner mehr geben. Wenn die Menschen noch nicht alle so handeln, wie wir es wünschen, so ist es meist Unkenntnis und Unverstand... Wir wissen genau, daß Macht nicht allein durch Polizei und Gewehre gewährleistet wird, sondern immer muß der einheitliche Wille des ganzen Volkes im Vordergrund stehen. Jeder einzelne von Ihnen muß gewonnen werden. Wir werden immer wieder kommen, und wir werden nicht verzagen, wenn wir einmal vergeblich gekommen sind. Aber wir werden natürlich ganz genau erkennen und zu unterscheiden wissen, wen Böswilligkeit von uns fernhält... Denn darüber gibt es gar keinen Zweifel, daß wir durch unsere Betriebszellen und Betriebsblocks ein Instrument geschaffen haben, mit dem wir die ehrlichen und anständigen Menschen von den üblen Profitjägern genau zu unterscheiden wissen werden. 25 Menschen in einem Block, meine Volksgenossen, das bedeutet, daß der Blockwart jeden einzelnen dieser 25 genau kennen lernen wird. Heute gehören 24 Millionen erwachsene Menschen der Partei und der Arbeitsfront an, 4 Millionen der Partei, 20 Millionen der Arbeitsfront! Was waren dem gegenüber die Gewerkschaften oder die Arbeitgeberverbände?! Wenn einer nun heute kommt und sagt: „In Eure Arbeitsfront, da will ich ja gar nicht hinein!“, so antworten wir ihm: „Mein lieber Freund, das hängt nicht von dir ab! Erinnere dich an deine Schulzeit, wenn einer sich von seiner Klasse und seinen Schulkameraden absonderte, denke an die seelischen Schmerzen, die dieser Sonderling zu ertragen hatte.“ Die Deutsche Arbeitsfront hat ungeschriebene Gesetze, und diesen ungeschriebenen Gesetzen wird sich niemand zu entziehen vermögen...

Robert Ley: Durchbruch der sozialen Ehre. Reden und Gedanken für das schaffende Deutschland, 7. Aufl., München 1939, S. 99 ff.

Robert Ley zum Jahrestag der NS-Gemeinschaft „Kraft durch Freude“ in der Großmaschinenhalle der AEG in Berlin am 27.11.1934: **45**

... Der Führer war es, der auch hier, wie immer, richtungweisend war. Er sagte: „Ich will, daß dem Arbeiter ein ausreichender Urlaub gewährt wird und daß alles geschieht, um ihm diesen Urlaub sowie seine übrige Freizeit zu einer wahren Erholung werden zu lassen. Ich wünsche das, weil ich ein nervenstarkes Volk will, denn nur allein mit einem Volk, das seine Nerven behält, kann man wahrhaft große Politik machen.“ Dieser Wille des Führers war uns heiliger Befehl!... Die marxistischen und bürgerlichen Klassenkampfinstrumente – die alten Verbände – selbst in staatlich korporativer Verbrämung durften wir nicht weiter bestehen lassen. Deshalb bauten wir systematisch die Organisation der Gemeinschaft aller Schaffenden, Unternehmer wie Arbeiter: die Arbeitsfront. Das Leben ist nicht allein eine nackte Magenfrage, ein Lohn- oder gar Dividendenproblem, sondern wir haben gelernt, und das Volk hat es begriffen: zum Leben gehört eine Summe von andern Dingen – die anständige Gesinnung, die Teilnahme an der Kultur, das Schauen der Schönheiten unseres Vaterlandes, die Gestaltung des Arbeitsplatzes, die Erhaltung der Spannkraft des Körpers, die

Erweckung eines neuen Volks- und Brauchtums und vieles andere mehr... Noch nie in der Geschichte hat sich eine große und gewaltige Umwälzung vollzogen, ohne daß das Volk materielle Forderungen stellte. Und dieses Wunder ist uns gelungen. So ist denn heute, nach noch nicht zwei Jahren, der große Wurf gelungen. Die Arbeitsfront ist der Exerzierplatz, auf dem täglich die Gemeinschaft geübt wird, und „Kraft durch Freude" ist das Reglement, nach dem wir exerzieren...
Unser Prachtstück ist das Amt für ‚Reisen und Wandern'... Nach Einzelmeldungen der Gaue und der Meldung des Zentralamtes wurden insgesamt 2168032 Arbeiter auf Reisen geschickt, davon 1¾ Millionen auf Urlaubsreisen von 7–10 Tagen... Die wirtschaftliche Bedeutung unserer Fahrten ergibt sich aus folgenden Ziffern: Insgesamt sind bei sämtlichen Urlauberzügen rd. 40 Millionen Reichsmark umgesetzt worden. Davon erhielt die Reichsbahn allein eine zusätzliche Einnahme von rd. 7 Millionen RM. Durch eine vorzügliche Organisation wurden die Kosten der einzelnen Fahrten sensationell niedrig gehalten. So kostete z. B. eine Fahrt von Berlin ins Riesengebirge mit einem siebentägigen Aufenthalt, einschließlich Verpflegung, Hin- und Rückfahrt und Darbietungen im Aufnahmegebiet 28 RM... Einer besonders großen Beliebtheit erfreuten sich unsere Urlaubsreisen zur See. Nicht weniger als rd. 80000 Volksgenossen aus allen Teilen Deutschlands fuhren auf eigenen Dampfern zu den norwegischen Fjorden oder an die englische Küste. Der Preis einer derartigen Reise stellte sich ab Berlin und zurück einschließlich 6 Tagen Verpflegung und Fahrt an Bord auf 42 RM...

Nach Hervorhebung der Arbeiten des Sportamtes und des Amtes „Schönheit und Würde der Arbeit" fährt Ley fort:

Und als letztes sei nun der vielen tausend Veranstaltungen gedacht, die die Güte der Kultur und des Brauchtums vermittelten. In dem ersten Jahr wurden in allen Gauen Deutschlands 66739 Veranstaltungen von „Kraft durch Freude" durchgeführt. Allein Berlin ermöglichte 500000 Arbeitern für 70 Pfennig den Besuch des Theaters des Volkes, wo beste Kunst geboten wird. In Berlin besuchten weiter 700000 Arbeiter andere Theater und Konzertveranstaltungen. Baden hat einen eigenen Theaterzug modernster Art, der die Dörfer und Kleinstädte aufsucht. Das Amt für Propaganda läßt dauernd 14 Film- und Funkzüge, die z. T. für Theater ausgerüstet sind, durch alle Gaue laufen. Im Augenblick betreuen diese die Arbeiter auf den Autobahnen und Notstandsgebieten. In 126 Betrieben sind bereits Werkscharen herangebildet, die die Stoßtrupps eines neuen Brauchtums werden sollen...

Ebenda, S. 167 ff.

46 **Hitler über die Aufgaben eines Vierjahresplanes.** Aus der Denkschrift vom August 1936. Nachdem Hitler Deutschlands Lage mit der Bedrohung durch den Bolschewismus und die Enge des „Lebensraums" gekennzeichnet hat, stellt er „zu einer endgültigen Lösung unserer Lebensnot" folgendes Programm auf:

I. Ähnlich der militärischen und politischen Aufrüstung bzw. Mobilmachung unseres Volkes hat auch eine wirtschaftliche zu erfolgen, und zwar im selben Tempo, mit der gleichen Entschlossenheit und wenn nötig auch mit der gleichen Rücksichtslosigkeit. Interessen einzelner Herren dürfen in der Zukunft dabei keine Rolle mehr spielen. Es gibt nur ein Interesse, und das ist das Interesse der Nation und eine einzige Auffassung, das ist die, daß Deutschland politisch und wirtschaftlich in die Lage der Selbsterhaltung gebracht werden muß.
II. Zu diesem Zwecke sind auf all den Gebieten, auf denen eine eigene Befriedigung durch deutsche Produktionen zu erreichen ist, Devisen einzusparen, um sie jenen Erfordernissen zuzulenken, die unter allen Umständen ihre Deckung nur durch Import erfahren können.
III. In diesem Sinne ist die deutsche Brennstofferzeugung nunmehr im schnellsten Tempo vorwärtszutreiben und binnen 18 Monaten zum restlosen Abschluß zu bringen. Diese Aufgabe ist mit derselben Entschlossenheit wie die Führung eines Krieges anzufassen und durchzuführen; denn von ihrer Lösung hängt die kommende Kriegsführung ab und nicht von einer Bevorratung des Benzins.
IV. Es ist ebenso augenscheinlich die Massenfabrikation von synthetischem Gummi zu organisieren und sicherzustellen. Die Behaupttung, daß die Verfahren vielleicht noch nicht gänzlich geklärt wären, und ähnliche Ausflüchte haben von jetzt ab zu schweigen. Es steht nicht die Frage zur Diskussion, ob wir noch länger warten wollen, sonst geht die Zeit verloren und die Stunde der Gefahr wird uns alle überraschen. Es ist vor allem nicht die Aufgabe staatlich-wirtschaftlicher Einrichtungen, sich den Kopf über Produktionsmethoden zu zerbrechen. Dies geht das Wirtschaftsministerium gar nichts an. Entweder wir besitzen heute eine Privatwirtschaft, dann ist es deren Aufgabe, sich den Kopf über die Produktionsmethoden zu zerbrechen, oder wir glauben, daß die Klärung der Produktionsmethoden Aufgabe des Staates sei, dann benötigen wir keine Privatwirtschaft mehr.
V. Die Frage des Kostenpreises dieser Rohstoffe ist ebenfalls gänzlich belanglos, denn es ist immer noch besser, wir erzeugen in Deutschland teuerere Reifen und können sie fahren, als wir verkaufen theoretisch billige Reifen, für die das Wirtschaftsministerium aber keine Devisen bewilligen kann, die also mithin an (sic) Mangel des Rohstoffes nicht erzeugt werden können und mithin überhaupt auch nicht gefahren werden. Wenn wir schon gezwungen sind, in großem Umfang eine Binnenwirtschaft im autarken Sinn aufzubauen – und dies sind wir – denn durch Lamentieren und Feststellungen unserer Devisennot wird das Problem nicht gelöst –, dann spielt im einzelnen der Rohstoffpreis nicht mehr die ausschlaggebende Rolle.
Es ist weiter notwendig, die deutsche Eisenproduktion auf das außerordentlichste zu steigern. Der Einwand, daß wir nicht in der Lage seien, aus dem deutschen Eisenerz mit 26% Gehalt ein ähnliches billiges Roheisen zu erzeugen, wie aus den 45%igen Schwedenerzen usw. ist belanglos, weil uns

ja nicht die Frage gestellt ist, was wir lieber tun wollen, sondern nur, was wir tun können. Der Einwand aber, daß in dem Fall die ganzen deutschen Hochöfen umgebaut werden müßten, ist ebenfalls unbeachtlich, und vor allem geht das das Wirtschaftsministerium nichts an. Das Wirtschaftsministerium hat nur die nationalwirtschaftlichen Aufgaben zu stellen, und die Privatwirtschaft hat sie zu erfüllen. Wenn aber die Privatwirtschaft glaubt, dazu nicht fähig zu sein, dann wird der nationalsozialistische Staat aus sich heraus diese Aufgabe zu lösen wissen. Im übrigen hat Deutschland tausend Jahre keine fremden Eisenerze gehabt. Noch vor dem Kriege wurden mehr deutsche Eisenerze verarbeitet als in der Zeit unseres schlimmsten Verfalls. Sollte uns die Möglichkeit aber bleiben, trotzdem noch billige Erze einzuführen, dann ist das ja gut. Die Existenz der nationalen Wirtschaft und vor allem der Kriegsführung darf davon jedoch nicht abhängig sein.

In ähnlicher Weise fordert Hitler, die Verbrennung der Kartoffeln zu Spiritus zu verbieten, um die landwirtschaftliche Nutzfläche noch besser auszunutzen, ferner die Fettversorgung mit Hilfe von Fettgewinnung aus Kohle vom Import unabhängig zu machen, die Erzförderung und die Leichtmetallproduktion zu steigern sowie die Ersetzung von Edelmetallen für den Kriegsfall zu bedenken.

Kurz zusammengefaßt: Ich halte es für notwendig, daß nunmehr mit eiserner Entschlossenheit auf all den Gebieten eine 100%ige Selbstversorgung eintritt, auf denen diese möglich ist und daß dadurch nicht nur die nationale Versorgung mit diesen wichtigen Rohstoffen vom Ausland unabhängig wird, sondern daß dadurch auch jene Devisen eingespart werden, die wir im Frieden für die Einfuhr unserer Nahrungsmittel benötigen. Ich möchte dabei betonen, daß ich in diesen Aufgaben die einzige wirtschaftliche Mobilmachung sehe, die es gibt, und nicht in einer Drosselung von Rüstungsbetrieben im Frieden zur Einsparung und Bereitlegung von Rohstoffen für den Krieg. Ich halte es aber weiter für notwendig, sofort eine Überprüfung vorzunehmen der Devisenaußenstände der deutschen Wirtschaft im Auslande. Es gibt keinen Zweifel, daß die Außenstände unserer Wirtschaft heute ganz enorme sind. Und es gibt weiter keinen Zweifel, daß sich dahinter zum Teil auch die niederträchtige Absicht verbirgt, für alle Fälle im Ausland gewisse, dem inneren Zugriff entzogene Reserven zu besitzen. Ich sehe darin eine bewußte Sabotage der nationalen Selbstbehauptung bzw. der Verteidigung des Reiches, und ich halte aus diesem Grund die Erledigung zweier Gesetze vor dem Reichstag für notwendig, 1) ein Gesetz, das für Wirtschaftssabotage die Todesstrafe vorsieht, und 2) ein Gesetz, das das gesamte Judentum haftbar macht für alle Schäden, die durch einzelne Exemplare dieses Verbrechertums der deutschen Wissenschaft und damit dem deutschen Volk zugefügt werden. Die Erfüllung dieser Aufgaben in der Form eines Mehr-Jahresplans der Unabhängigmachung unserer nationalen Wirtschaft vom Ausland wird es aber auch erst ermöglichen, vom deutschen Volk auf wirtschaftlichem Gebiet und dem Gebiete der Ernährung Opfer zu verlangen, denn das Volk hat dann ein

Recht, von seiner Führung, der es die blinde Anerkennung gibt, zu verlangen, daß sie auch auf diesem Gebiete durch unerhörte und entschlossene Leistungen die Probleme anfaßt und die nicht bloß beredet, daß sie sie löst und nicht bloß registriert!
Es sind jetzt fast 4 kostbare Jahre vergangen. Es gibt keinen Zweifel, daß wir schon heute auf dem Gebiet der Brennstoff-, der Gummi- und zum Teil auch in der Eisenerzversorgung vom Ausland restlos unabhängig sein könnten. Genau so wie wir zur Teit 7 oder 800000 t Benzin produzieren, könnten wir 3 Millionen t produzieren. Genau so, wie wir heute einige tausend t Gummi fabrizieren, könnten wir schon jährlich 70 oder 80000 t erzeugen. Genau so, wie wir von 2½ Millionen t Eisenerz-Erzeugung auf 7 Millionen t stiegen, könnten wir 20 oder 25 Millionen t deutsches Eisenerz verarbeiten, und wenn notwendig auch 30. Man hat nun Zeit genug gehabt, in 4 Jahren festzustellen, was wir nicht können. Es ist jetzt notwendig, auszuführen das, was wir können.
Ich stelle damit folgende Aufgabe:
I. Die deutsche Armee muß in 4 Jahren einsatzfähig sein.
II. Die deutsche Wirtschaft muß in 4 Jahren kriegsfähig sein.

VfZG 3, 1955, S. 208 ff.

Die Reichsbank gegen Hitlers hemmungslose Ausgabenpolitik. Aus der Eingabe des Reichsbankpräsidenten und des Reichsbankdirektoriums an Hitler vom 7.1.1939: **47**

Keine Notenbank ist imstande, die Währung aufrechtzuerhalten gegen eine inflationistische Ausgabenpolitik des Staates... War während der beiden großen außenpolitischen Aktionen in der Ostmark und im Sudetenland eine Steigerung der öffentlichen Ausgaben zwangsläufig, so macht die Tatsache, daß nach Beendigung der außenpolitischen Aktionen eine Beschränkung der Ausgabenpolitik nicht zu erkennen ist, vielmehr alles darauf hindeutet, daß eine weitere Ausgabensteigerung geplant ist, es nunmehr zur gebieterischen Pflicht, auf die Folgen für die Währung hinzuweisen. Es ist nicht unseres Amtes nachzuweisen, wie weit eine hemmungslose Ausgabenpolitik mit den Erträgnissen und Ersparnissen der deutschen Wirtschaft oder mit den sozialen Erfordernissen der Bevölkerung vereinbar ist. Unsere Verantwortung aber erfordert es, darauf hinzuweisen, daß eine weitere Beanspruchung der Reichsbank, sei es direkt, sei es durch anderweitige Beschlagnahme des Geldmarktes, währungspolitisch nicht zu verantworten ist, sondern geradewegs zur Inflation führen muß. Das unterzeichnete Reichsbankdirektorium ist sich bewußt, daß es in seiner Mitarbeit für die großen gesteckten Ziele freudig alles eingesetzt hat, daß aber nunmehr Einhalt geboten ist. Eine Vermehrung der Gütererzeugung ist nicht durch eine Vermehrung von Geldzetteln möglich. Wir sind der Überzeugung, daß die währungspolitischen Folgen der letzten 10 Monate durchaus zu reparieren sind, und daß bei striktester Einhaltung eines aufbringbaren Etats die Inflationsgefahr wieder beseitigt werden kann. Der Führer und Reichskanzler selbst hat die Inflation öffentlich immer und immer wieder als dumm und nutzlos abgelehnt.

Wir bitten deshalb um folgende Maßnahmen:

1. Das Reich wie auch alle anderen öffentlichen Stellen dürfen keine Ausgaben und auch keine Garantien und Verpflichtungen mehr übernehmen, die nicht aus Steuern oder durch diejenigen Beträge gedeckt werden, die ohne Störung des langfristigen Kapitalmarktes im Anleihewege aufgebracht werden können.

2. Zur wirksamen Durchführung dieser Maßnahmen muß der Reichsfinanzminister wieder die volle Finanzkontrolle über alle öffentlichen Ausgaben erhalten.

3. Die Preis- und Lohnkontrolle muß wirksam gestaltet werden. Die eingerissenen Mißstände müssen wieder beseitigt werden.

4. Die Inanspruchnahme des Geld- und Kapitalmarktes muß der Entscheidung der Reichsbank allein unterstellt werden.

IMT XXXVI, S. 369 ff.

48 Organisationsschema der NSDAP

Erläuterungen zum Organisationsschema der NSDAP

1 Gaustabsamt[1]
2 Gauinspektor
3 Hauptorganisationsamt[2]
4 Hauptpersonalamt[2]
5 Hauptschulungsamt (hierbei Ordensburgen, Adolf-Hitler-Schulen, Reichsschulungsburgen)[2]
6 Reichsschatzmeister[2]
7 Reichspropagandaleiter[2]
8 Reichspressechef[2]
9 Reichsleiter für die Presse (Verlagswesen)[3]
10 Das Oberste Parteigericht[4]
11 DAF mit KdF, entsprechend mit Obmännern bis zum Block
12 NS-Frauenschaft (einschließlich Deutsches Frauenwerk), entsprechend mit Frauenschaftsleiterinnen bis zum Block
13 Reichsamt für das Landvolk (mittelbar betreut: Reichsnährstand, Reichsbauernführer)[2]
14 Hauptamt für Erzieher (angeschlossen: NS-Lehrerbund)[4]
15 Reichsdozentenführer (hierbei: NS-Dozentenbund)[3]
16 Reichsstudentenführer (hierbei NS-Studentenbund)[3]
17 Parteikanzlei (eingegliedert: Amt für Sippenforschung), Gauwirtschaftsberater, Kreiswirtschaftsberater
18 Kanzlei des Führers (angeschlossen: Parteiamtliche Prüfungskommission zum Schutze des NS-Schrifttums)

[1] entsprechend in Kreis und Ortsgruppe
[2] entsprechend in Gau, Kreis, Ortsgruppe
[3] entsprechend in Gau
[4] entsprechend in Gau und Kreis

19 Hauptamt für Beamte (angeschlossen: Reichsbund deutscher Beamter)[4]
20 NS-Rechtswahrerbund[4]
21 Hauptamt für Technik (angeschlossen: NSB-Deutscher Technik)[4]
22 Hauptamt für Volksgesundheit (angeschlossen: NS-Ärztebund)[4]
23 Hauptamt für Kriegsopfer (angeschlossen: NS-Kriegsopferversorgung)[2]
24 Hauptamt für Volkswohlfahrt (angeschlossen: NS-Volkswohlfahrt) entsprechend bis zum Block (Blockwalter)
25 Rassenpolitisches Amt (betreut: Reichsbund Deutsche Familie)[4]
26 Hauptamt für Volkstumsfragen (Zusammenarbeit mit Volksbund für das Deutschtum im Ausland)[4]
27 Hauptamt für Kommunalpolitik (betreut: Deutscher Gemeindetag)[4]
28 NS-Reichsbund für Leibesübungen, entsprechend Sportführer bis zur Ortsgruppe
29 Kolonialpolitisches Amt[2]
30 NS-Reichskriegerbund, entsprechend Kriegerführer bis zur Ortsgruppe
31 Außenpolitisches Amt
32 Überwachung für Schule und Erziehung (hierbei: Reichsarbeitsgemeinschaft für Schulung); im Gau Vertretung durch Gauschulungsleiter
33 Reichstagsfraktion der NSDAP
34 Organisation der Reichsparteitage
35 Hauptarchiv; Gauarchiv
36 Auslandsorganisation, mit Gruppen im Ausland

Rang- und Organisationsliste der NSDAP, 2. Auflage, Stuttgart 1947

[1] entsprechend in Kreis und Ortsgruppe
[2] entsprechend in Gau, Kreis, Ortsgruppe
[3] entsprechend in Gau
[4] entsprechend in Gau und Kreis

II. Hitlers Großraum- und Eroberungspolitik

Die sogenannte Friedenspolitik

49 **Aus Hitlers Reichstagsrede** vom 17. 5. 1933. Nachdem Hitler darin ausführlich die Ungerechtigkeit des Friedensvertrages von Versailles dargestellt und eine Revision des Vertrages durch kriegerische Gewalt abgelehnt hatte, sagte er:

Es ist der tiefernste Wunsch der nationalen Regierung des Deutschen Reichs, eine solche unfriedliche Entwicklung durch ihre aufrichtige und tätige Mitarbeit zu verhindern. Dies ist auch der innere Sinn der in Deutschland vollzogenen Umwälzung. Die drei Gesichtspunkte, die unsere Revolution beherrschten, widersprechen in keiner Weise den Interessen der übrigen Welt: 1. Verhinderung des drohenden kommunistischen Umsturzes und Aufbau eines die verschiedenen Interessen der Klassen und Stände einigenden Volksstaates, fundiert auf dem Begriff des Eigentums als der Grundlage unserer Kultur; 2. Lösung des schwersten sozialen Problems durch die Zurückführung der Millionenarmee unserer bedauernswerten Arbeitslosen in eine allen nützliche Produktion; 3. Wiederherstellung einer stabilen und autoritären Staatsführung, die, getragem vom Vertrauen und Willen der Nation, dieses große Volk endlich wieder der Welt gegenüber vertragsfähig macht.
Wenn ich in diesem Augenblicke bewußt als deutscher Nationalsozialist spreche, so möchte ich namens der nationalen Regierung und der gesamten nationalen Erhebung bekunden, daß gerade uns und dieses junge Deutschland das tiefste Verständnis beseelt für die gleichen Gefühle und Gesinnungen sowie die begründeten Lebensansprüche der anderen Völker. Die Generation dieses jungen Deutschlands, die in ihrem bisherigen Leben nur die Not, das Elend und den Jammer des eigenen Volkes kennenlernte, hat zu sehr unter dem Wahnsinn gelitten, als daß sie beabsichtigen könnte, das gleiche anderen zuzufügen. Unser Nationalismus ist ein Prinzip, das uns als Weltanschauung grundsätzlich allgemein verpflichtet. Indem wir in grenzenloser Liebe und Treue an unserem eigenen Volkstum hängen, respektieren wir die nationalen Rechte auch der anderen Völker aus dieser selben Gesinnung heraus und möchten aus tiefinnerstem Herzen mit ihnen in Frieden und Freundschaft leben. Wir kennen daher auch nicht den Begriff des „Germanisierens". Die geistige Mentalität des vergangenen Jahrhunderts, aus der man glaubte, vielleicht aus Polen oder Franzosen Deutsche machen zu können, ist uns genau so fremd, wie wir uns leidenschaftlich gegen jeden umgekehrten Versuch wenden. Wir sehen die europäischen Nationen um uns als gegebene Tatsachen. Franzosen, Polen usw. sind unsere Nachbarvölker, und wir wissen, daß kein geschichtlich denkbarer Vorgang diese Wirklichkeit ändern könnte. Es wäre ein Glück für die Welt gewesen, wenn im Vertrage von Versailles diese Realitäten auch in bezug auf Deutschland gewürdigt worden wären. Denn es müßte das Ziel

eines wirklich dauerhaften Vertragswerkes sein, nicht Wunden zu reißen oder vorhandene offenzuhalten, sondern Wunden zu schließen und zu heilen. Eine überlegte Behandlung der europäischen Probleme hätte damals im Osten ohne weiteres eine Lösung finden können, die den verständlichen Ansprüchen Polens genau so wie den natürlichen Rechten Deutschlands entgegengekommen wäre.

Hitler behandelte abschließend ausführlich die Frage der Rüstungsgleichberechtigung:

Wenn Deutschland heute die Forderung nach einer tatsächlichen Gleichberechtigung im Sinne der Abrüstung der anderen Nationen erhebt, dann hat es dazu ein moralisches Recht durch seine eigene Erfüllung der Verträge. Denn Deutschland hat abgerüstet, abgerüstet unter schärfster internationaler Kontrolle.... Die Deutschland im Dezember [1932] zugestandene Gleichberechtigung ist bisher nicht verwirklicht worden.

Nachdem er dem von Großbritannien vorgeschlagenen Abrüstungsplan zugestimmt hatte, faßte Hitler zusammen:

Deutschland ist nun jederzeit bereit, auf Angriffswaffen zu verzichten, wenn auch die übrige Welt ihrer entsagt. Deutschland ist bereit, jedem feierlichen Nichtangriffspakt beizutreten; denn Deutschland denkt nicht an einen Angriff, sondern an seine Sicherheit!... Die Deutsche Regierung wünscht, sich über alle schwierigen Fragen politischer und wirtschaftlicher Natur mit den anderen Nationen friedlich und vertraglich auseinanderzusetzen. Sie weiß, daß jeder militärische Akt in Europa auch im Falle seines vollständigen Gelingens, gemessen an seinen Opfern, in keinem Verhältnis steht zum möglichen endgültigen Gewinn. Die deutsche Regierung und das deutsche Volk werden sich aber unter keinen Umständen zu irgendeiner Unterschrift nötigen lassen, die eine Verewigung der Disqualifizierung Deutschlands bedeuten würde.

Forcierte Revisionspolitik

„Memorandum der Deutschen Reichsregierung an die Signatarmächte des **50**
Locarno-Paktes vom 7. März 1936". In der Note erklärt die Reichsregierung, der am 2. Mai 1935 geschlossene Pakt zwischen Frankreich und der UdSSR richte sich ausschließlich gegen Deutschland, und Frankreich übernehme gegenüber der UdSSR Verpflichtungen, „als ob weder die Völkerbundsatzung noch der Rhein-Pakt... in Geltung wären". Frankreich habe die Grenzen nicht eingehalten, die sich ihm gegenüber Deutschland aus dem Rhein-Pakt ergeben.

Die Deutsche Regierung hat bei den Verhandlungen der letzten Jahre stets betont, alle sich aus dem Rheinpakt ergebenen Verpflichtungen solange zu halten und erfüllen zu wollen, als die anderen Vertragspartner auch ihrerseits bereit sind, zu diesem Pakte zu stehen. Diese selbstverständliche Voraussetzung kann jetzt als von seiten Frankreichs nicht mehr erfüllt angesehen werden. Frankreich hat die ihm von Deutschland immer wieder gemachten freundschaftlichen Angebote und friedlichen Versicherungen unter Verletzung des Rheinpaktes mit einem ausschließlich gegen Deutschland gerichteten militärischen Bündnis mit der Sowjetunion beantwortet. Damit hat der Rheinpakt von Locarno aber seinen inneren Sinn verloren und praktisch aufgehört zu existieren. Deutschland sieht sich daher auch seinerseits nicht mehr als an diesen erloschenen Pakt gebunden an.

Die deutsche Regierung sei daher gezwungen, der neugeschaffenen Lage zu begegnen ... und habe „die volle und uneingeschränkte Souveränität des Reiches in der demilitarisierten Zone des Rheinlandes wieder hergestellt". Anschließend machte die Reichsregierung neue Vorschläge für ein „System der europäischen Friedenssicherung".

1. Die Deutsche Reichsregierung erklärt sich bereit, mit Frankreich und Belgien über die Bildung einer beiderseitigen entmilitarisierten Zone sofort in Verhandlungen einzutreten und einem solchen Vorschlag ... von vornherein ihre Zustimmung zu geben.
2. Die Deutsche Reichsregierung schlägt vor ... einen Nichtangriffspakt zwischen Deutschland, Frankreich und Belgien abzuschließen, dessen Dauer sie bereit ist, auf 25 Jahre zu fixieren.
3. Die Deutsche Reichsregierung wünscht England und Italien einzuladen, als Garantiemächte diesen Vertrag zu unterzeichnen.
4. Die Deutsche Reichsregierung ist einverstanden ... die Niederlande in dieses Vertragssystem einzubeziehen.
5. Die Deutsche Reichsregierung ist bereit ... zwischen den Westmächten einen Luftpakt abzuschließen.
6. Die Deutsche Reichsregierung wiederholt ihr Angebot, mit den im Osten an Deutschland angrenzenden Staaten ähnlich wie mit Polen Nichtangriffspakte abzuschließen.
7. Nach der nunmehr erreichten endlichen Gleichberechtigung Deutschlands und der Wiederherstellung der vollen Souveränität über das gesamte deutsche Reichsgebiet sieht die Deutsche Reichsregierung den Hauptgrund für den seinerzeitigen Austritt aus dem Völkerbund als behoben an. Sie ist daher bereit, wieder in den Völkerbund einzutreten.

Aus: Dokumente der deutschen Politik Bd. 4, Berlin 1937, S. 123 ff.

51 Aus der Reichstagsrede Hitlers, 7. 3. 1936, am Tage der Besetzung des entmilitarisierten Rheinlandes durch deutsche Truppen:

... Nach drei Jahren glaube ich so mit dem heutigen Tage den Kampf um die deutsche Gleichberechtigung als abgeschlossen ansehen zu können. Ich glaube, daß damit aber die erste Voraussetzung für unsere seinerzeitige Zurückziehung aus der europäischen kollektiven Zusammenarbeit weggefallen ist. Wenn wir daher nunmehr wieder bereit sind, zu dieser

Abb. 2: Die Wiederbesetzung des entmilitarisierten Rheinlandes durch deutsche Truppen, 1936. Infanterie überquert den Rhein bei Köln. Bewußt nahm Hitler den Konflikt mit den Westmächten in Kauf, als er das Rheinland durch seine Truppen besetzen ließ und damit den Bestimmungen des Locarno-Vertrages zuwiderhandelte. Hitler hatte die Schwäche Frankreichs, das keine Rückendeckung durch Großbritannien und Italien erhielt, richtig eingeschätzt.

Zusammenarbeit zurückzukehren, dann geschieht dies mit dem aufrichtigen Wunsche, daß vielleicht diese Vorgänge und ein Rückblick auf diese Jahre mithelfen werden, das Verständnis für diese Zusammenarbeit auch bei den anderen europäischen Völkern zu vertiefen.
Wir haben in Europa keine territorialen Forderungen zu stellen. Wir wissen vor allem, daß alle die Spannungen, die sich entweder aus falschen territorialen Bestimmungen oder aus den Mißverhältnissen der Volkszahlen mit ihren Lebensräumen ergeben, in Europa durch Kriege nicht gelöst werden können. Wir hoffen aber, daß die menschliche Einsicht mithelfen wird, das Schmerzliche dieser Zustände zu mildern und Spannungen auf dem Wege einer langsamen evolutionären Entwicklung in friedlicher Zusammenarbeit zu beheben. Und insbesondere empfinde ich mit dem heutigen Tage erst recht die Notwendigkeit, die Verpflichtung zu würdigen, die uns die wiedergewonnene nationale Ehre und Freiheit auferlegen. Verpflichtungen nicht nur unserem eigenen Volke gegenüber, sondern auch gegenüber den übrigen europäischen Staaten.

Dokumente der deutschen Politik, Bd. 4, S. 121 f.

Großraum- und Eroberungspolitik

52 Aus Hitlers erster Ansprache an die Befehlshaber des Heeres und der Marine am 3. Februar 1933 (vertraulich; derartiges blieb der Öffentlichkeit verborgen):

Wie soll pol. Macht, wenn sie gewonnen ist, gebraucht werden? Jetzt noch nicht zu sagen. Vielleicht Erkämpfung neuer Export-Mögl., vielleicht – und wohl besser – Eroberung neuen Lebensraums im Osten und dessen rücksichtslose Germanisierung. Sicher, daß erst mit pol. Macht u. Kampf jetzige wirtsch. Zustände geändert werden können. Alles, was jetzt geschehen kann – Siedlung – Aushilfsmittel.
Wehrmacht wichtigste u. sozialistischste Einrichtung d. Staates. Sie soll unpol. u. überparteilich bleiben. Der Kampf im Innern nicht ihre Sache, sondern der Nazi-Organisationen. Anders wie in Italien keine Verquickung v. Heer und SA beabsichtigt. – Gefährlichste Zeit ist die des Aufbaus der Wehrmacht. Da wird sich zeigen ob Fr[ankreich] Staatsmänner hat; wenn ja, wird es uns Zeit nicht lassen, sondern über uns herfallen (vermutlich mit Ost-Trabanten).

VfZG 2, 1954, S. 435

53 Aufzeichnung von Oberst Hoßbach, Adjutant Hitlers, über die Besprechung in der Reichskanzlei am 5.11.1937:

Anwesend: Der Führer und Reichskanzler, der Reichskriegsminister Generalfeldmarschall v. Blomberg, der Oberbefehlshaber des Heeres Generaloberst Freiherr v. Fritsch, der Oberbefehlshaber der Kriegsmarine Generaladmiral Dr. h. c. Raeder, der Oberbefehlshaber der Luftwaffe Generaloberst Göring, der Reichsminister des Auswärtigen Freiherr v. Neurath, Oberst Hoßbach, Adjutant des Führers.
Der Führer stellte einleitend fest, daß der Gegenstand der heutigen Besprechung von derartiger Bedeutung sei, daß dessen Erörterung in anderen Staaten wohl vor das Forum des Regierungskabinetts gehörte, er – der Führer – sähe aber gerade im Hinblick auf die Bedeutung der Materie davon ab, diese in dem großen Kreise des Reichskabinetts zum Gegenstand der Besprechung zu machen. Seine nachfolgenden Ausführungen seien das Ergebnis eingehender Überlegungen und der Erfahrungen seiner viereinhalbjährigen Regierungszeit; er wolle den anwesenden Herren seine grundlegenden Gedanken über die Entwicklungsmöglichkeiten und -notwendigkeiten unserer außenpolitischen Lage auseinandersetzen, wobei er im Interesse einer auf weite Sicht eingestellten deutschen Politik seine Ausführungen als seine testamentarische Hinterlassenschaft für den Fall seines Ablebens anzusehen bitte.
Der Führer führte sodann aus:
Das Ziel der deutschen Politik sei die Sicherung und die Erhaltung der Volksmasse und deren Vermehrung. Somit handele es sich um das Problem des Raumes.

Die deutsche Volksmasse verfüge über 85 Millionen Menschen, die nach der Anzahl der Menschen und der Geschlossenheit des Siedlungsraumes in Europa einen in sich so fest geschlossenen Rassekern darstelle, wie er in keinem anderen Land wieder anzutreffen sei und wie er andererseits das Anrecht auf größeren Lebensraum mehr als bei anderen Völkern in sich schlösse. Wenn kein dem deutschen Rassekern entsprechendes politisches Ergebnis auf dem Gebiet des Raumes vorläge, so sei das eine Folge mehrhundertjähriger historischer Entwicklung und bei Fortdauer dieses politischen Zustandes die größte Gefahr für die Erhaltung des deutschen Volkstums auf seiner jetzigen Höhe. Ein Aufhalten des Rückganges des Deutschtums in Österreich und in der Tschechoslowakei sei ebensowenig möglich als die Erhaltung des augenblicklichen Standes in Deutschland selbst. Statt Wachstum setze Sterilisation ein, in deren Folge Spannungen sozialer Art nach einer Reihe von Jahren einsetzen müßten, weil politische und weltanschauliche Ideen nur so lange von Bestand seien, als sie die Grundlage zur Verwirklichung der realen Lebensansprüche eines Volkes abzugeben vermöchten. Die deutsche Zukunft sei daher ausschließlich durch die Lösung der Raumnot bedingt, eine solche Lösung könne naturgemäß nur für eine absehbare, etwa 1–3 Generationen umfassende Zeit gesucht werden.
Bevor er sich der Frage der Behebung der Raumnot zuwende, sei die Überlegung anzustellen, ob im Wege der Autarkie oder einer gesteigerten Beteiligung an der Weltwirtschaft eine zukunftsreiche Lösung der deutschen Lage zu erreichen sei...

Nach Darlegung der Ungunst der gegebenen Bedingungen schließt Hitler:

Die einzige, uns vielleicht traumhaft erscheinende Abhilfe läge in der Gewinnung eines größeren Lebensraumes, ein Streben, das zu allen Zeiten die Ursache der Staatenbildungen und Völkerbewegungen gewesen sei. Daß dieses Streben in Genf und bei den gesättigten Staaten keinem Interesse begegne, sei erklärlich. Wenn die Sicherheit unserer Ernährungslage im Vordergrunde stände, so könne der hierfür notwendige Raum nur in Europa gesucht werden, nicht aber ausgehend von liberalistisch-kapitalistischen Auffassungen in der Ausbeutung von Kolonien. Es handele sich nicht um die Gewinnung von Menschen, sondern von landwirtschaftlich nutzbarem Raum. Auch die Rohstoffgebiete seien zweckmäßiger im unmittelbaren Anschluß an das Reich in Europa und nicht in Übersee zu suchen, wobei die Lösung sich für ein bis zwei Generationen auswirken müsse. Was darüber hinaus in späteren Zeiten notwendig werden sollte, müsse nachfolgenden Geschlechtern überlassen bleiben. Die Entwicklung großer Weltgebilde gehe nun einmal langsam vor sich, das deutsche Volk mit seinem starken Rassekern finde hierfür die günstigsten Voraussetzungen inmitten des europäischen Kontinents. Daß jede Raumerweiterung nur durch Brechen von Widerstand und unter Risiko vor sich gehen könne, habe die Geschichte aller Zeiten – Römisches Weltreich, Englisches Empire – bewiesen. Auch Rückschläge seien unvermeidbar. Weder früher

noch heute habe es herrenlosen Raum gegeben, der Angreifer stoße stets auf den Besitzer. Für Deutschland laute die Frage, wo größter Gewinn unter geringstem Einsatz zu erreichen sei.
Die deutsche Politik habe mit den beiden Haßgegnern England und Frankreich zu rechnen, denen ein starker deutscher Koloß inmitten Europas ein Dorn im Auge sei, wobei beide Staaten eine weitere deutsche Erstarkung sowohl in Europa als auch in Übersee ablehnten und sich in dieser Ablehnung auf die Zustimmung aller Parteien stützen könnten. In der Errichtung deutscher militärischer Stützpunkte in Übersee sähen beide Länder eine Bedrohung ihrer Überseeverbindungen, eine Sicherung des deutschen Handels und rückwirkend eine Stärkung der deutschen Position in Europa. England könne aus seinem Kolonialbesitz infolge des Widerstandes der Dominien keine Abtretungen an uns vornehmen. Nach dem durch Übergang Abessiniens in italienischen Besitz eingetretenen Prestigeverlusts Englands sei mit einer Rückgabe Ostafrikas nicht zu rechnen. Das Entgegenkommen Englands werde sich bestenfalls in dem Anheimstellen äußern, unsere kolonialen Wünsche durch Wegnahme solcher Kolonien zu befriedigen, die sich z.Z. in nicht englischem Besitz befänden – z.B. Angola. In der gleichen Linie werde sich das französische Entgegenkommen bewegen. Eine ernsthafte Diskussion wegen der Rückgabe von Kolonien an uns käme nur zu einem Zeitpunkt in Betracht, in dem England sich in einer Notlage befände und das Deutsche Reich stark und gerüstet sei. Die Auffassung, daß das Empire unerschütterlich sei, teile der Führer nicht. Die Widerstände gegen das Empire lägen weniger in den eroberten Ländern als bei den Konkurrenten. Das Empire und das Römische Weltreich seien hinsichtlich der Dauerhaftigkeit nicht vergleichbar; dem letzteren habe seit den Punischen Kriegen kein machtpolitischer Gegner ernsthafteren Charakters gegenüber gestanden. Erst die vom Christentum ausgehende auflösende Wirkung und die sich bei jedem Staat einstellenden Alterserscheinungen hätten das alte Rom dem Ansturm der Germanen erliegen lassen. Neben dem englischen Empire ständen schon heute eine Anzahl ihm überlegener Staaten. Das englische Mutterland sei nur im Bunde mit anderen Staaten, nicht aus eigener Kraft in der Lage, seinen Kolonialbesitz zu verteidigen. Wie solle England allein z.B. Kanada gegen einen Angriff Amerikas, seine ostasiatischen Interessen gegen einen solchen Japans verteidigen!
Das Herausstellen der englischen Krone als Träger des Zusammenhaltes des Empire sei bereits das Eingeständnis, daß das Weltreich machtpolitisch auf die Dauer nicht zu halten sei…
… Zur Lösung der deutschen Frage könne es nur den Weg der Gewalt geben, dieser werde niemals risikolos sein. Die Kämpfe Friedrichs d. Gr. um Schlesien und die Kriege Bismarcks gegen Österreich und Frankreich seien von unerhörtem Risiko gewesen, und die Schnelligkeit des preußischen Handelns 1870 habe Österreich vom Eintritt in den Krieg ferngehalten. Stelle man an die Spitze der nachfolgenden Ausführungen den Entschluß zur Anwendung von Gewalt unter Risiko, dann bleibe noch die

Beantwortung der Fragen „Wann“ und „Wie“. Hierbei seien drei Fälle zu entscheiden:

Fall 1: Zeitpunkt 1943–1945. Nach dieser Zeit sei nur noch eine Veränderung zu unseren Ungunsten zu erwarten.

Die Aufrüstung der Armee, Kriegsmarine, Luftwaffe sowie die Bildung des Offizierkorps seien annähernd beendet. Die materielle Ausstattung und Bewaffnung seien modern, bei weiterem Zuwarten läge die Gefahr ihrer Veraltung vor. Besonders der Geheimhaltungsschutz der „Sonderwaffen“ ließe sich nicht immer aufrecht erhalten. Die Gewinnung von Reserven beschränke sich auf die laufenden Rekrutenjahrgänge, ein Zusatz aus älteren unausgebildeten Jahrgängen sei nicht mehr verfügbar.

Im Verhältnis zu der bis dahin durchgeführten Aufrüstung der Umwelt nähmen wir an relativer Stärke ab. Wenn wir bis 1943/45 nicht handelten, könne infolge Fehlens von Reserven jedes Jahr die Ernährungskrise bringen, zu deren Behebung ausreichende Devisen nicht verfügbar seien. Hierin sei ein „Schwächungsmoment des Regimes“ zu erblicken. Zudem erwarte die Welt unseren Schlag und treffe ihre Gegenmaßnahmen von Jahr zu Jahr mehr. Während die Umwelt sich abriegele, seien wir zur Offensive gezwungen.

Wie die Lage in den Jahren 1943/45 tatsächlich sein würde, wisse heute niemand. Sicher sei nur, daß wir nicht länger warten können...

Fall 2: Wenn die sozialen Spannungen in Frankreich sich zu einer derartigen innenpolitischen Krise auswachsen sollten, daß durch letztere die französische Armee absorbiert und für eine Kriegsverwendung gegen Deutschland ausgeschaltet würde, sei der Zeitpunkt zum Handeln gegen die Tschechei gekommen.

Fall 3: Wenn Frankreich durch einen Krieg mit einem anderen Staat so gefesselt ist, daß es gegen Deutschland nicht „vorgehen“ kann.

Zur Verbesserung unserer militär-politischen Lage müsse in jedem Fall einer kriegerischen Verwicklung unser 1. Ziel sein, die Tschechei und gleichzeitig Österreich niederzuwerfen, um die Flankenbedrohung eines etwaigen Vorgehens nach dem Westen auszuschalten...

Nach optimistischer Beurteilung von Fall 1 und 2 fährt Hitler fort:

... In gewissere Nähe sähe der Führer den Fall 3 gerückt, der sich aus den derzeitigen Spannungen im Mittelmeer entwickeln könne und den er eintretendenfalls zu jedem Zeitpunkt, auch bereits im Jahre 1938, auszunutzen entschlossen sei...

Deutschland sei an längerer Fortdauer des Krieges in Spanien interessiert und könne von einem wahrscheinlich ausbrechenden Krieg zwischen Italien auf der einen, England und Frankreich auf der andern Seite Nutzen ziehen. Der Führer

wolle in eigener Selbständigkeit und unter Ausnutzung dieser sich nur einmal bietenden günstigen Gelegenheit den Feldzug gegen die Tschechei

150 beginnen und durchführen, wobei der Überfall auf die Tschechei „blitzartig schnell“ erfolgen müsse.

Anschließend wurden von den anwesenden Generälen erhebliche Bedenken gegen die Konzeption Hitlers vorgetragen, ohne daß diese aber dadurch verändert wurde.

IMT XXV, S. 402 ff. und: Akten zur deutschen auswärtigen Politik 1918–1945, Serie D, Bd. 1, Baden-Baden 1950, S. 25 ff.

54 General Hoßbach zu seiner Niederschrift vom 10.11.1937:

... Die „Niederschrift“ über die Sitzung ist durch mich einige Tage nach dem 5. November 1937 im Gebäude des Reichskriegsministeriums vorgenommen und mit dem Datum des 10. November 1937 versehen worden. Es ist mir nicht mehr erinnerlich, ob ihre Anfertigung an einem oder an mehreren Tagen erfolgte und ob sie daher am 10. November 1937 begonnen und beendet worden ist. Mit Gewißheit ist die „Niederschrift“ eine nachträgliche schriftliche Aufzeichnung des Inhaltes der Besprechung, aber kein während dieser geführtes Protokoll gewesen. Mit Absicht habe ich seinerzeit von der Bezeichnung „Protokoll“ als formal und sachlich unzutreffend abgesehen. Als Grundlage dienten mir meine während der Besprechung gemachten stichwortartigen Notizen und mein Gedächtnis. Da ich über keine stenographischen Fertigkeiten verfüge, war ich zu einer wortgetreuen und vollinhaltlichen Wiedergabe der Sitzung nicht in der Lage. Es lag in der Natur der Sache, daß mit der Niederschrift in erster Linie die möglichst vollständige Erhaltung der Hitlerischen Ausführungen bezweckt war, während die Diskussion nur kürzere Erwähnung fand, und zwar nicht zuletzt deswegen, weil ich sie in ihrer zeitweisen Erregtheit und in der Folge von Rede und Gegenrede nicht so zuverlässig in Stichworten festzuhalten vermochte, daß ihre spätere Wiedergabe wahrheitsgetreu möglich gewesen wäre. Die Niederschrift nahm ich aus eigener Entschließung, nicht auf Veranlassung eines anderen Menschen vor. Sie ist nach bestem Wissen und Gewissen sowie im vollen Bewußtsein der damit übernommenen Verantwortung, aber auch in der Erwartung erfolgt, daß sie gegebenenfalls Abänderungen oder Ergänzungen durch Hitler selbst erfahren würde. Das Wesentliche der Hitlerischen Ausführungen festgehalten zu haben, davon war ich überzeugt...

... Hitler meldete ich das Vorhandensein der Niederschrift und habe ihn angesichts ihrer Bedeutung zweimal in einem Abstand von mehreren Tagen gebeten, sie durchzulesen, was er zu meiner Überraschung jedoch mit der Begründung ablehnte, er habe vorderhand keine Zeit. Mit seinem Einverständnis blieb die Niederschrift nunmehr endgültig im Besitz des Reichskriegsministers. Das ablehnende Verhalten Hitlers fiel mir sofort auf, hatte er doch noch kurze Zeit zuvor, am 5.11.1937, seinen Ausführungen die bedeutsame Bezeichnung eines „politischen Testamentes“ beigelegt, und nun schien ihm die Abfassung und der Verbleib des „Testamentes“ gleichgültig zu sein...

... Hitler nahm seine eigenen Notizen nach Schluß der Besprechung mit sich fort; ich habe sie nicht einsehen und daher auch nicht als Grundlage für die Niederschrift vom 10.11.1937 verwenden können.
... Die Diskussion nahm zeitweilig sehr scharfe Formen an, vor allem in einer Auseinandersetzung zwischen Blomberg und Fritsch einerseits und Göring andererseits, an der Hitler sich vorwiegend als aufmerksamer Zuhörer beteiligte. Der Anstoß der strittigen Fragen ist mir nicht mehr erinnerlich. Mit Genauigkeit ist mir jedoch im Gedächtnis haften geblieben, daß die Schärfe des Gegensatzes in der Sache und in der Form ihren Eindruck auf Hitler nicht verfehlt hatte, wie ich aus seinem Mienenspiel entnehmen konnte. Seiner ganzen Einstellung nach mußte das Verhalten Blombergs und Fritschs dem „Führer" deutlich gemacht haben, daß seine politischen Gedankengänge nur nüchterne sachliche Gegenäußerungen anstatt Beifall und Zustimmung gefunden hatten. Und er wußte zur Genüge, daß die beiden Generale jeder unsererseits herausgeforderten kriegerischen Verwicklung ablehnend gegenüberstanden. Es ist vor der Geschichte eine Unterlassungssünde meinerseits, daß die Stellungnahme Blombergs und Fritschs bei der Besprechung am 5.11.1937 nicht in vollständigem Umfange und nicht in der tatsächlich erfolgten dialektischen Schärfe in meiner Niederschrift vom 10.11.1937 angeführt worden ist.
Ich bin der Überzeugung, daß Hitler als Nachwirkung der Besprechung vom 5.11.1937 den Bruch mit der Wehrmachtsführung, jedenfalls bestimmt mit Fritsch, vielleicht aber auch mit Blomberg, innerlich vollzogen hat...

Friedrich Hoßbach, Von der militärischen Verantwortlichkeit in der Zeit vor dem 2. Weltkrieg, Göttingen 1948, S. 28 ff.

Aus Hitlers geheimgehaltener Rede vor dem politischen Führungsnachwuchs **55**
in Sonthofen (23.11.1937). Hitler entwickelte seine bekannte Vorstellung vom mangelnden Lebensraum für das deutsche Volk im Gegensatz zu den anderen großen Nationen. Nach einem Rückblick auf die „tragische" Geschichte der deutschen Nation führte er aus:

Heute vollzieht sich eine neue Staatsgründung, deren Eigenart es ist, daß sie nicht im Christentum, nicht im Staatsgedanken die Grundlage sieht, sondern in der geschlossenen Volksgemeinschaft das Primäre sieht.
Es ist daher entscheidend, daß das „Germanische Reich Deutscher Nation" diesen tragfähigsten Gedanken der Zukunft nun verwirklicht, unbarmherzig gegen alle Widersacher, gegen alle religiöse Zersplitterung, gegen alle parteimäßige Zersplitterung. Denn auch dies war tragisch, daß wir in der Zeit, in der wir vielleicht doch noch manches hätten nachholen können, außer unserer allgemeinen staatlichen unzulänglichen Führung, begründet in der nicht richtigen Organisation, auch noch gehemmt waren durch die Parteien, die sich anschickten, das Erbe der Konfessionen und der Dynastien zu gleicher Zeit zu übernehmen.
Wir vollziehen heute, was 2000 Jahre vor uns an Bausteinen, Gedanken, Ideen und teils auch schon an Macht zusammengetragen haben. Alles, was

währenddem geschehen ist, ist deutsche Geschichte, auf die wir Grund haben, stolz zu sein. Wir dürfen daher ein neues Reich nicht datieren von 1933, genau so wie es wahnsinnig war, ein früheres Reich etwa vom Jahre 1871 zu datieren oder deutsche Geschichte unter preußisch-hohenzollernscher oder habsburgisch-österreichischer Perspektive zu sehen. In unserer Walhalla kann jeder einzelne Deutsche Platz finden, der in unserer Vergangenheit mitgewirkt hat, die Voraussetzungen zu schaffen, auf denen wir nun heute stehen. Wenn wir unsere deutsche Geschichte so ganz groß auffassen, aus unserer grauesten Vorzeit bis heute, dann sind wir das reichste Volk in Europa. Und wenn wir dazu in größter Toleranz alle unsere großen deutschen Heroen aufmarschieren lassen, alle unsere großen Führer der Vergangenheit, alle unsere großen germanischen und deutschen Kaiser - ausnahmslos, wie sie auch waren - dann muß England vor uns versinken.

... Wenn ich eine Lösung des Problems ins Auge fasse, so zunächst eins: Was wir auch tun, alles hat erfüllt zu sein von der Erkenntnis, aus diesem Konglomerat deutscher Stämme, deutscher früherer Länder, der Konfessionen, ehemaliger Parteien-Angehöriger müssen wir eine Gemeinschaft formen, schon äußerlich sichtbar. Daher: absolute Feindschaft gegen alle Erscheinungen einer Vergangenheit, die diese gemeinsame Nation nicht bejahen wollen, die sich nicht restlos unterordnen. Ich nehme lieber jede Schwierigkeit in der Zeit auf mich, um der Nachwelt ein starkes Volk, das einheitlich zu leben und zu denken gelernt hat, und damit ein starkes Reich zu hinterlassen.

Erst diese Zusammenfassung der deutschen Nation gibt uns die moralische Berechtigung, mit Lebensansprüchen vor die Welt zu treten. Es ist nun so, daß das letzte Recht immer in der Macht liegt. Und die Macht liegt im Völkerleben in der Geschlossenheit der Völker. Heute hat die deutsche Nation endlich das bekommen, was ihr jahrhundertelang fehlte, nämlich eine Organisation der Volksführung.

Tischgespräche, S. 446 ff.

Der Anschluß Österreichs

Seit der Machtübernahme Hitlers wurde der gemeinsame Wille des deutschen Volkes im Reich und in Österreich, sich wieder zusammenzuschließen[2], durch die Tatsache belastet, daß durch Hitler gesamtdeutsche Politik und Nationalsozialismus identifiziert wurden. Daher konnte der „Anschluß" von Gegnern des Nationalsozialismus nicht mehr gewünscht werden.

56 **Aus einer Rede von Bundesminister Dr. Schuschnigg** auf dem Christlich-Sozialen Parteitag in Salzburg, 8.5.1933:

Wir sind uns klar darüber, daß unsere Brüder im Reich mit sehr viel innerer Berechtigung fordern können, daß ihnen ihre Kolonien zurückgegeben werden. Aber es gibt keine Kolonie Österreich, nie, niemals. Nicht etwa,

[2] Vgl. Quellenheft 49001, S. 4 f.

werden. Aber es gibt keine Kolonie Österreich, nie, niemals. Nicht etwa, weil das Herz und das Gefühl dagegen sprächen, sondern weil wir aus sehr nüchternen Erwägungen zur Erkenntnis kommen müssen, daß irgend jemand im deutschen Raum noch dem wirklichen, groß gesehenen gesamtdeutschen Gedanken und seiner Zukunft leben muß.

Robert Ingrim, Der Griff nach Österreich, Zürich 1938, S. 69

Die Vereinbarung zwischen dem Deutschen Reich und Österreich, 11. 7. 1936: **57**

In der Überzeugung, der europäischen Gesamtentwicklung zur Aufrechterhaltung des Friedens eine wertvolle Förderung zuteil werden zu lassen, wie in dem Glauben, damit am besten den vielgestaltigen wechselseitigen Interessen der beiden deutschen Staaten zu dienen, haben die Regierungen des Deutschen Reiches und des Bundesstaates Österreich beschlossen, ihre Beziehungen wieder normal und freundschaftlich zu gestalten.
Aus diesem Anlaß wird erklärt:
1. Im Sinne der Feststellungen des Führers und Reichskanzlers vom 21. Mai 1935 anerkennt die deutsche Reichsregierung die volle Souveränität des Bundesstaates Österreich.
2. Jede der beiden Regierungen betrachtet die in dem anderen Lande bestehende innerpolitische Gestaltung, einschließlich der Frage des österreichischen Nationalsozialismus, als eine innere Angelegenheit des anderen Landes, auf die sie weder unmittelbar noch mittelbar Einwirkung nehmen wird.
3. Die österreichische Bundesregierung wird ihre Politik im allgemeinen, wie insbesondere gegenüber dem Deutschen Reiche, stets auf jener grundsätzlichen Linie halten, die der Tatsache, daß Österreich sich als deutscher Staat bekennt, entspricht...

Dokumente, hrsg. von Hohlfeld, Bd. 4, S. 296 f.

Hitler zur österreichischen Frage. In seiner Reichstagsrede vom 21. 5. 1935 hatte er erklärt: **58**

Deutschland hat weder die Absicht, noch den Willen, sich in die inneren österreichischen Verhältnisse einzumengen, Österreich etwa zu annektieren oder anzuschließen. Das deutsche Volk und die deutsche Regierung haben aber aus dem einfachen Solidaritätsgefühl gemeinsamer nationaler Herkunft den begreiflichen Wunsch, daß nicht nur fremden Völkern, sondern auch dem deutschen Volk überall das Selbstbestimmungsrecht gewährleistet wird. Ich selbst glaube, daß auf die Dauer kein Regime, das nicht im Volke verankert, vom Volke getragen und vom Volke gewünscht wird, Bestand haben kann.

Verhandlungen des Reichstags, Bd. 458, S. 53

59 Aus Schuschniggs Rede vor dem Bundesrat, 24. 2. 1938. Nachdem Schuschnigg in der Berchtesgadener Unterredung mit Hitler Klarheit über die bedrohte Selbständigkeit Österreichs gewonnen hatte, hielt er vor dem Bundesrat eine Rede mit der Warnung: „Bis hierher und nicht weiter!":

Worin besteht nun der letzte Sinn des selbständigen und unabhängigen Österreich, wie Engelbert Dollfuß es wollte, dessen Erbe wir in harter Zeit übernahmen? Der Kampf um die Unabhängigkeit ist sinnvoll, wenn es gelingt, dem deutschen Volk in Österreich in allen seinen Schichten die Wege zu Glück und Wohlstand, zu Brot und freiem Lebensraum, zu einer gedeihlichen Fortentwicklung zu ebnen; die Wunden zu schließen, die ein unglücklicher Krieg und ein unseliger Friede ihm geschlagen haben; dem deutschen Volk in Österreich und gleichermaßen den zahlenmäßig geringen fremdvolklichen Minoritäten, die auf unserem Boden ihre Heimat haben.

Der Kampf um die Unabhängigkeit ist aber auch weiter sinnvoll, weil wir einem Grundsatz dienen, der vor bald einem halben Jahrtausend auf dem Reichstag zu Worms unter Kaiser Maximilian seinen klaren Ausdruck fand und dem wir uns im Gewissen verpflichtet fühlen, der dem maria-theresianischen und nicht minder dem franzisko-josefinischen Wien seinen Sinn gab, der als einziger Lichtstrahl nach dem Zusammenbruch des Jahres 1918 einem besiegten, entrechteten, verirrten Volke übrigblieb, der später die heilige Flamme darstellt, die von Ignaz Seipels Lebenszweck behütet war, für die Engelbert Dollfuß verblutete, der mir selbst, der ich derzeit die volle und ungeteilte Verantwortung für die Politik im Land nach den Bestimmungen der Verfassung und auf Grund der Bestellung durch den Herrn Bundespräsidenten zu tragen habe, als entscheidender Motor des politischen Denkens, Wollens und Handels gilt: Das Grundgesetz der Harmonie unserer Kultur, um deretwillen uns das Leben lebenswert und menschenwürdig scheint – bestehend aus dem vollendeten Zusammenklang, klassisch-humanistischer, nationaldeutscher und christlich-abendländischer Elemente.

60 Schuschniggs Parole für die Volksabstimmung im Aufruf vom 9. 3. 1938:

Für ein freies und deutsches, unabhängiges und soziales, für ein christliches und einiges Österreich!
Für Friede und Arbeit!
Und die Gleichberechtigung aller, die sich zu Volk und Vaterland bekennen!
Das ist das Ziel meiner Parole. Dieses Ziel zu erreichen, ist die Aufgabe, die uns gestellt ist, und das geschichtliche Gebot der Stunde. Kein Wort der Parole, die Euch als Frage gestellt ist, darf fehlen. Wer sie bejaht, dient den Interessen aller, vor allem des Friedens.

Dokumente, hrsg. von Hohlfeld, Bd. 4, S. 408

Abb. 3: Hitler in Österreich, nach dem erzwungenen Anschluß Österreichs, 1938. Während die Angehörigen von Minderheiten, die im Reich bereits seit 1933 verfolgt wurden, und politisch mißliebige Personen fliehen mußten, jubelte die große Masse auf den Straßen Hitler zu.

The Times, 14.3.1938: **61**

A March And The Moral

Herr Hitler has enjoyed two days of triumphal progress from the Austrian frontier. Our Correspondent leaves no room for doubt about the public jubilation with which he and his army were greeted everywhere – 'if any Austrians were against him on Friday, they either hid their faces or were completely converted on Saturday and Sunday.' The scenes recorded this morning in Linz and Salzburg must seem strange to those who realize the profound cleavage of opinion, which in fact divides the Austrian people, and the antagonism which millions of them, by no means hostile to a closer union with Germany, feel towards the prospect of a Nazi régime, with all that it implies to a deeply religious country. No doubt the exuberant crowds were composed for the most part of the youths who would have been excluded under the Austrian Constitution from HERR VON SCHUSCHNIGG'S plebiscite, and who are at this moment the only visible representatives of the nation. But the higher the value that is placed on these demonstrations, the more extraordinary it must seem that is was thought necessary to surround so spontaneous a welcome with all the paraphernalia of tanks and bombers and marching infantry. There must be many thousands of thoughtful Germans who are reflecting even now that these are the methods that brought them to grief in the past, and wondering whether they are really worth the accumulation of so much distrust and ill-will.

Der Artikel stellt sodann das erpresserische Vorgehen Hitlers gegenüber Schuschnigg dar und betont die Notwendigkeit britischer Rüstung angesichts der gefährlichen Lage auf dem europäischen Kontinent. Abschließend:

In the immediate matter of Austria they [die Minister des britischen Kabinetts] will not depart from the view, which has been common to most thoughtful Englishmen, that she was destined sooner or later to find herself in close association with the German Reich. There would have been no British protest if this process of attraction had developed naturally through growing confidence and mutual good will. What is so deeply resented here – and throughout the civilized world – is that is was thought necessary, for the sake of a Dictator's prestige, to reverse the whole process by applying to it the physical strength of the bully, and in so doing to arrest other hopeful movements towards a stable peace.

62 **Aufruf der österreichischen Bischöfe,** 28.3.1938. Die österreichischen Bischöfe mit den Erzbischöfen Kardinal Innitzer und Waitz an der Spitze, entschlossen sich entsprechend der „tausendjährigen Sehnsucht unseres Volkes nach Einigkeit in einem großen Reich der Deutschen" und nach beruhigenden Erklärungen des Wiener Gauleiters über die beabsichtigte Kirchenpolitik zu folgendem Aufruf:

Feierliche Erklärung!
Aus innerster Überzeugung und mit freiem Willen erklären wir unterzeichneten Bischöfe der österreichischen Kirchenprovinz anläßlich der großen geschichtlichen Geschehnisse in Deutschösterreich:
Wir erkennen freudig an, daß die nationalsozialistische Bewegung auf dem Gebiet des völkischen und wirtschaftlichen Aufbaues sowie der Sozial-Politik für das Deutsche Reich und Volk namentlich für die ärmsten Schichten des Volkes Hervorragendes geleistet hat und leistet. Wir sind auch der Überzeugung, daß durch das Wirken der nationalsozialistischen Bewegung die Gefahr des alles zerstörenden gottlosen Bolschewismus abgewehrt wurde.
Die Bischöfe begleiten dieses Wirken für die Zukunft mit ihren besten Segenswünschen und werden auch die Gläubigen in diesem Sinne ermahnen.
Am Tage der Volksabstimmung ist es für uns Bischöfe selbstverständliche nationale Pflicht, uns als Deutsche zum Deutschen Reich zu bekennen, und wir erwarten auch von allen gläubigen Christen, daß sie wissen, was sie ihrem Volke schuldig sind.

Dokumente, hrsg. von Hohlfeld, Bd. 4, S. 406

Das Ende der Tschechoslowakei

Audienz Konrad Henleins bei Hitler, 29. 3. 1938. Vortragsnotizen aus den Akten der Staatssekretärs v. Weizsäcker zum Bericht Konrad Henleins, des Führers der Sudetendeutschen Partei, über seine Audienz bei Hitler: **63**

Bei der nahezu dreistündigen Besprechung war außer dem Führer noch anwesend der Stellvertreter des Führers, Reichsminister Heß, der Außenminister v. Ribbentrop und Obergruppenführer Lorenz. Der Führer erklärte, daß er beabsichtige, das tschechoslowakische Problem in nicht allzu langer Zeit zu lösen ...
Die Tendenz der Anweisung, die der Führer Henlein gegeben hat, geht dahin, daß von seiten der SdP Forderungen gestellt werden sollen, die für die tschechische Regierung unannehmbar sind. Henlein beabsichtigt, trotz der günstigen Lage durch die österreichischen Ereignisse, nichts zu überspitzen, sondern nur die alten Forderungen auf Selbstverwaltung und Wiedergutmachung am Parteitag (23. und 24. April 1938) zu stellen. Eine Anregung des Führers, eigene deutsche Regimenter mit deutschen Offizieren und deutscher Kommando-Sprache zu fordern, will er sich für später vorbehalten. Das Reich wird von sich aus nicht eingreifen. Für die Ereignisse sei zunächst Henlein selbst verantwortlich. Es müßte aber eine enge Zusammenarbeit erfolgen. Henlein hat dem Führer gegenüber seine Auffassung folgendermaßen zusammengefaßt: Wir müssen also immer so viel fordern, daß wir nicht zufriedengestellt werden können. Diese Auffassung bejahte der Führer.

Akten zur deutschen auswärtigen Politik, Serie D, Bd. 2, S. 158

Hitlers Weisung betr. die Tschechoslowakei, 30. 5. 1938 (Geheime Kommandosache, Chefsache. Durch Offizier geschrieben): **64**

Auf Anordnung des Obersten Befehlshabers der Wehrmacht ist der Teil 2, Abschnitt II der Weisung für die einheitliche Kriegsvorbereitung der Wehrmacht vom 24. 6. 1937 ... (Zweifrontenkrieg mit Schwerpunkt Südost-Aufmarsch „Grün") durch die beiliegende neue Fassung zu ersetzen. Ihre Ausführung muß spätestens ab 1. 10. 1938 sichergestellt sein ...
Es ist mein unabänderlicher Entschluß, die Tschechoslowakei in absehbarer Zeit durch eine militärische Aktion zu zerschlagen. Den politisch und militärisch geigneten Zeitpunkt abzuwarten oder herbeizuführen ist Sache der politischen Führung. Eine unabwendbare Entwicklung der Zustände innerhalb der Tschechoslowakei oder sonstige politische Ereignisse in Europa, die eine überraschend günstige, vielleicht nie wiederkehrende Gelegenheit schaffen, können mich zu frühzeitigem Handeln veranlassen. Die richtige Wahl und entschlossene Ausnützung eines günstigen Augenblicks ist die sicherste Gewähr für den Erfolg. Dementsprechend sind die Vorbereitungen unverzüglich zu treffen ...

IMT XXV, S. 433 ff.

65 Aus einem Telegramm des deutschen Geschäftsträgers Kordt, London, an das Auswärtige Amt, 10.9.1938:

... Über gestrige Unterredung Halifax mit französischem Botschafter Corbin: Corbin begann Unterredung mit dem Hinweis, daß bekannter Times-Artikel[3] außerordentlich ungelegen gekommen sei. Halifax erwiderte darauf mit großem Ernst, daß von rein taktischem Gesichtspunkt aus er dieser Auffassung zustimme. Er sei jedoch verpflichtet, dem französischen Botschafter mitzuteilen, daß es für ein angelsächsisches Volk unmöglich sei, Waffen zu ergreifen, um die Durchführung des Selbstbestimmungsrechts eines Volkes von 3,461 Mill. Menschen im Wege der Abstimmung zu verhindern. Eine derartige Handlungsweise würde höchsten Grundsätzen widersprechen, nach denen die angelsächsischen Völker ihr Geschick geleitet sehen wollen.

Akten zur deutschen auswärtigen Politik, Serie D, Bd. 2, S. 583

66 Folgende briefliche Aufzeichnung von **George F. Kennan,** 1938/39 Diplomat der USA in Prag, gibt Aufschluß über die **Atmosphäre in der Tschechei** einerseits, **der Slowakei und der Karpato-Ukraine** (bis zum 1.10.1938 tschechoslowakisch) andererseits **nach dem Münchener Abkommen:**

I wonder whether it is possible for anyone who has not been here to conceive of the chaos which the Munich catastrophe created in political life and political thought in Czechoslovakia.

Everything which had any powers of cohesion went by the boards. Nothing was left in the popular mind but bitterness, bewilderment, and skepticism. Every feature of liberalism and democracy, in particular, was hopelessly and irretrievably discredited. I spent week ends in the country where the guests did nothing but toss down brandy after brandy in an atmosphere of total gloom and repeat countless times: "How was it possible that any people could allow itself to be led for twenty years by such a Sauhund - such an international, democratic Sauhund - as Beneš? Such a people doesn't deserve to exist. It ought to be annihilated", etc. To realize the full significance of this, one has only to recall that but little over a year ago on the occasion of Masaryk's funeral here, seemingly the whole nation was united in an outpouring of grief and devotion to the state and the polices which be had inaugurated, which of course included the foreign policy of Beneš.

Complete fascism is scarcely any more popular than democracy. The Czech people are not, in the main, highly emotional, along German or Italien patterns. They are not less than ever before inclined to place great confidence in any single leader...

As for the new regime itself which prevails in Prague and the historic provinces: to me it bears an ominous resemblance to the Schuschnigg regime

[3] Am 7.9.1938 erschien dieser Artikel, in dem der Gedanke erwogen wurde, ob es für die Tschechoslowakei nicht u. U. zweckmäßig sein könnte, durch Abtretung fremdvölkischer Randgebiete einen „homogeneren", wenn auch verkleinerten tschechoslowakischen Staat zu schaffen.

which I knew in Austria in 1935. There is the same disapproval of democracy, the same distrust and alienation of the labor element, the same Catholic piety, the same moderate and decorous anti-Semitism, the same futile hope of building up - without resorting to serious intimidation - an enthusiastic national movement in a section of Europe where the dominant political reactions are incredulity, jealousy, and distrust. However, the Schuschnigg regime was not a bad thing for Austria; and only the insoluble problem of its relations to Nazi Germany led to its fall. Here, relations to Germany are simpler for the very reason that the Czechs are Slavs and not Germans. I have seen no indications of any desire on the part of Hitler to make Germans out of the Czechs. Their role is that of a vassal - and the vassal's role has always been easier to execute than that of the independent younger brother.
Slovakia and Ruthenia are, of course, another story. Neither people has the prerequisites for an independent political existence. Their leaders have been completely won over by the Germany through flattery, cajolery, and display of force. They are making awful fools of themselves; dressing up in magnificent fascist uniforms, flying to and fro in airplanes, drilling comic-opera S.A. units and dreaming dreams of the future grandeur of the Slovak or Ukrainian nations. Everything that the Czechs have tried to teach them during these twenty years they have flung back into the Czech's faces. They are momentarily happy in a false autonomy which is rapidly destroying every possibility of a real national self-determination for decades to come.

George F. Kennan, From Prague after Munich. Diplomatic Papers, Princeton 1968, S. 7, 9

Hitlers Unterredung mit dem polnischen Außenminister Beck, 5.1.1939, in Berchtesgaden. Aus der Aufzeichnung des Gesandten Schmidt (Büro des Reichsaußenministers): **67**
Im Zusammenhang mit der Erörterung deutsch-polnischer Fragen äußerste sich Hitler rückblickend zur „Septemberkrise" 1938, wobei er sich über die zögernde Haltung Ungarns beklagte und sodann seine eigentlichen Absichten gegenüber der Tschechoslowakei andeutete:

... Durch das überraschende Verhandlungsangebot Chamberlains und Daladiers sei er (der Führer) im übrigen von der rein politischen Lösung der tschechoslowakischen Frage, die einer Liquidation der Tschechoslowakei gleichgekommen wäre, abgedrängt worden und hätte, da er von Ungarn in keiner Weise irgendwie aktiv unterstützt worden wäre, nur die ethnographische Lösung vor der Welt vertreten können, im Gegensatz zu der politischen Lösung, die in einer nur zwischen Polen, Ungarn und Deutschland als einzig interessierten Mächten zu regelnden bestanden haben würde, d. h. der Liquidation der Tschechoslowakei. Es sei auch für die Zukunft klar, daß derartige politische Lösungen nie einseitig erfolgen könnten, sondern, daß alle an der Tschechoslowakei interessierten Länder daran teilnehmen würden.

Akten zur deutschen auswärtigen Politik, Serie D, Bd. 5, S. 129

Abb. 4: Deutsche Truppen marschieren im März 1939 in Prag ein. Die Annexion der Tschechei löste bei deren Bevölkerung Wut und Verbitterung aus.

68 Hitlers Proklamation nach der Besetzung Prags, 16. 3. 1939. Am Tage der Besetzung Prags durch deutsche Truppen unterzeichnete Hitler dort selbst folgende Proklamation:

... Ein Jahrtausend lang gehörten zum Lebensraum des deutschen Volkes die böhmisch-mährischen Länder. Gewalt und Unverstand haben sie aus ihrer alten historischen Umgebung willkürlich gerissen und schließlich durch ihre Einfügung in das künstliche Gebilde der Tschecho-Slowakei den Herd einer ständigen Unruhe geschaffen. Von Jahr zu Jahr vergrößerte sich die Gefahr, daß aus diesem Raum heraus, wie schon einmal in der Vergangenheit, eine neue ungeheuerliche Bedrohung des europäischen Friedens kommen würde. Denn dem tschechoslowakischen Staate und seinen Machthabern war es nicht gelungen, das Zusammenleben der in ihm willkürlich vereinten Völkergruppen vernünftig zu organisieren und damit das Interesse aller Beteiligten an der Aufrechterhaltung ihres gemeinsamen Staates zu erwecken und zu erhalten. Er hat dadurch aber seine innere Lebensunfähigkeit erwiesen und ist deshalb nunmehr auch der tatsächlichen Auflösung verfallen. Das Deutsche Reich aber kann in diesen für seine eigene Ruhe und Sicherheit sowohl als auch für das allgemeine Wohlergehen und den allgemeinen Frieden so entscheidend wichtigen Gebieten keine andauernden Störungen dulden. Früher oder später mußte es als die durch die Geschichte und geographische Lage am stärksten interessierte und in Mitleidenschaft gezogene Macht die schwersten Folgen zu tragen haben. Es entspricht daher dem Gebot der Selbsterhaltung, wenn das Deutsche Reich entschlossen ist, zur Wiederherstellung der Grundlagen einer vernünftigen mitteleuropäischen Ordnung entscheidend einzugreifen und die sich daraus ergebenden Anordnungen zu treffen. Denn es hat in seiner tausendjährigen geschichtlichen Vergangenheit bereits bewiesen, daß es dank sowohl der Größe als auch der Eigenschaften des deutschen Volkes allein berufen ist, diese Aufgabe zu lösen. Erfüllt von dem ernsten Wunsch, den wahren Interessen der in diesem Lebensraum wohnenden Völker zu dienen, das nationale Eigenleben des deutschen und des tschechischen Volkes sicherzustellen, dem Frieden und der sozialen Wohlfahrt aller zu nützen, ordne ich daher namens des Deutschen Reiches als Grundlage für das zukünftige Zusammenleben der Bewohner dieser Gebiete das Folgende an:

Art. 1.
Die von den deutschen Truppen im März 1939 besetzten Landesteile der ehemaligen tschecho-slowakischen Republik gehören von jetzt ab zum Gebiet des Großdeutschen Reiches und treten als Protektorat Böhmen und Mähren unter diesen Schutz. Soweit die Verteidigung des Reiches es erfordert, trifft der Führer und Reichskanzler für einzelne Teile dieser Gebiete eine hiervon abweichende Regelung...

Es folgen einzelne Bestimmungen über das neue Protektorat.

Akten zur deutschen auswärtigen Politik, Serie D, Bd. 4, S. 246 f.

Aus einer Rede Chamberlains, 17.3.1939. Chamberlain bezog sich auf das Münchener Abkommen vom 29.9. und die Deutsch-Englische Erklärung vom 30.9.1938: **69**

Da ich das Münchener Abkommen mit unterzeichnet habe, hatte ich natürlich Anspruch darauf, von Herrn Hitler gemäß der Münchener Erklärung konsultiert zu werden, wenn er meinte, daß das Abkommen rückgängig gemacht werden sollte. Stattdessen hat er jedoch eigenmächtig gehandelt.

Akten zur deutschen auswärtigen Politik, Serie D, Bd. 6, S. 23

Britische Note an das Deutsche Reich, 18.3.1939: **70**

I have the honour to inform Your Excellency, under instructions from His Majesty's Principal Secretary of State for Foreign Affairs, that His Majesty's Government in the United Kingdom desire to make it plain to the German Government that they cannot but regard the events of the past few days as a complete repudiation of the Munich Agreement and as a denial of the spirit in which the negotiators of that Agreement bound themselves to cooperate for a peaceful settlement.
2. I am instructed to add that His Majesty's Government must also take this occasion to protest against the changes effected in Czechoslovakia by

German military actions which are in their view devoid of any basis of legality.
I avail myself of this opportunity to renew to Your Excellency the assurance of my highest consideration.

(sign.) Neville Henderson

Ebenda, S. 22 f.

Kriegsausbruch und germanisierende Expansion im Osten

71 Aus Hitlers Ansprache vor den Oberbefehlshabern, 22.8.1939:

Die Gründung Großdeutschlands war politisch eine große Leistung, militärisch war sie bedenklich, da sie erreicht wurde durch einen Bluff der politischen Leitung. Es ist notwendig, das Militär zu erproben. Wenn irgend möglich, nicht in einer Generalabrechnung, sondern bei der Lösung einzelner Aufgaben.
Das Verhältnis zu Polen ist untragbar geworden. Meine bisherige polnische Politik stand im Gegensatz zu der Auffassung des Volkes. Meine Vorschläge an Polen (Danzig und Korridor) wurden durch Eingreifen Englands gestört. Polen änderte seinen Ton uns gegenüber. Spannungszustand auf die Dauer unerträglich. Gesetz des Handelns darf nicht auf andere übergehen. Jetzt ist der Zeitpunkt günstiger als in 2–3 Jahren. Attentat auf mich oder Mussolini könnte die Lage zu unseren Ungunsten ändern. Man kann nicht ewig mit gespannten Gewehr einander gegenüber liegen. Eine von uns vorgeschlagene Kompromißlösung hätte von uns verlangt Gesinnungsänderung und gute Gesten. Man sprach wieder in der Versailler Sprache zu uns. Die Gefahr des Prestige-Verlustes bestand. Jetzt ist die Wahrscheinlichkeit noch groß, daß der Westen nicht eingreift. Wir müssen mit rücksichtsloser Entschlossenheit das Wagnis auf uns nehmen. Der Politiker muß ebenso wie der Feldherr ein Wagnis auf sich nehmen. Wir stehen vor der harten Alternative zu schlagen oder früher oder später mit Sicherheit vernichtet zu werden.
Hinweis auf die früheren Wagnisse.
Man hätte mich gesteinigt, wenn ich nicht Recht behalten hätte. Gefährlichster Schritt war der Einmarsch in die neutrale Zone. Noch acht Tage vorher bekam ich eine Warnung durch Frankreich. Immer habe ich ein großes Wagnis auf mich genommen in der Überzeugung, daß es gelingen könne. Auch jetzt ist es ein großes Risiko. Eiserne Nerven. Eiserne Entschlossenheit.
Folgende besonderen Gründe bestärken mich in meiner Auffassung: England und Frankreich haben sich verpflichtet, beide sind nicht in der Lage dazu. In England ist keine tatsächliche Aufrüstung, sondern nur Propaganda...

Nachdem Hitler Englands Rüstung als schwach dargestellt hat, fährt er fort:

Wir werden den Westen halten, bis wir Polen erobert haben. Wir müssen uns unserer großen Produktionsleistung bewußt sein. Sie ist noch viel größer als 1914–18.

Der Gegner hatte noch die Hoffnung, daß Rußland als Gegner auftreten würde nach Eroberung Polens. Die Gegner haben nicht mit meiner großen Entschlußkraft gerechnet. Unsere Gegner sind kleine Würmchen. Ich sah sie in München.

Ich war überzeugt, daß Stalin nie auf das englische Angebot eingehen würde. Rußland hat kein Interesse an der Erhaltung Polens, und dann weiß Stalin, daß es mit seinem Regime zu Ende ist, einerlei, ob seine Soldaten siegreich oder geschlagen aus einem Kriege hervorgehen. Litwinows Ablösung war ausschlaggebend. Ich habe die Umstellung Rußland gegenüber allmählich durchgeführt. Im Zusammenhang mit dem Handelsvertrag sind wir in das politische Gespräch gekommen. Vorschlag eines Nichtangriffspakts. Dann kam ein universaler Vorschlag von Rußland. Vor vier Tagen habe ich einen besonderen Schritt getan, der dazu führte, daß Rußland gestern antwortete, es sei zum Abschluß bereit. Die persönliche Verbindung mit Stalin ist hergestellt. Von Ribbentrop wird übermorgen den Vertrag schließen. Nun ist Polen in der Lage, in der ich es haben wollte.

Wir brauchen keine Angst vor Blockade zu haben. Der Osten liefert uns Getreide, Vieh, Kohle, Blei, Zink. Es ist ein großes Ziel, das vielen Einsatz fordert. Ich habe nur Angst, daß mir noch im letzten Moment irgendein Schweinehund einen Vermittlungsplan vorlegt. Die politische Zielsetzung geht weiter. Anfang zur Zerstörung der Vormachtstellung Rußlands ist gemacht. Weg für den Soldaten ist frei, nachdem ich die politischen Vorbereitungen getroffen habe.

Die heutige Veröffentlichung des Nichtangriffspaktes mit Rußland hat eingeschlagen wie eine Granate. Auswirkungen sind nicht zu übersehen. Auch Stalin hat gesagt, daß dieser Kurs beiden Ländern zugute kommen wird. Die Einwirkung auf Polen wird ungeheuer sein.

IMT XXVI, S. 338 ff.; auch in: Hans-Adolf Jacobsen, 1939–1945. Der Zweite Weltkrieg in Chronik und Dokumenten, Darmstadt 1961, S. 116 ff.

Aussiedlung von Polen und Juden. Am Beginn der massenhaften Aussiedlung aus den neu eingegliederten Provinzen in das Generalgouvernement Warschau stand folgender Erlaß: **72**

Erlaß des Führers und Reichskanzlers zur Festigung deutschen Volkstums vom 7. Oktober 1939.

Die Folgen von Versailles in Europa sind beseitigt. Damit hat das Großdeutsche Reich die Möglichkeit, deutsche Menschen, die bisher in der Fremde leben mußten, in seinem Raum aufzunehmen und anzusiedeln und innerhalb seiner Interessengrenzen die Siedlung der Volksgruppen so zu gestalten, daß bessere Trennungslinien zwischen ihnen erreicht werden.

Abb. 5: Die Unterzeichnung des deutsch-sowjetischen Nichtangriffspaktes am 23. August 1939. Von links: Reichsaußenminister v. Ribbentrop, Stalin, Unterstaatssekretär Gauss, Legationsrat Hilgers, Außenminister Molotow und Botschafter Graf Schulenburg. In einem geheimen Zusatzprotokoll wurde das östliche Europa in Interessensphären zwischen dem Deutschen Reich und der Sowjetunion aufgeteilt und damit die „vierte Teilung" Polens vorbereitet.

Die Durchführung dieser Aufgabe übertrage ich dem Reichsführer-SS nach folgenden Bestimmungen:

I. Dem Reichsführer-SS obliegt nach seinen Richtlinien:

1. Die Zurückführung der für die endgültige Heimkehr in das Reich in Betracht kommenden Reichs- und Volksdeutschen im Ausland,

2. die Ausschaltung des schädigenden Einflusses von solchen volksfremden Bevölkerungsteilen, die eine Gefahr für das Reich und die deutsche Volksgemeinschaft bedeuten,

3. die Gestaltung neuer deutscher Siedlungsgebiete durch Umsiedlung, im besonderen durch Seßhaftmachung der aus dem Ausland heimkehrenden Reichs- und Volksdeutschen.

Der Reichsführer-SS ist ermächtigt, alle zur Durchführung dieser Obliegenheiten notwendigen allgemeinen Anordnungen und Verwaltungsmaßnahmen zu treffen.

Zur Erfüllung der ihm in Absatz I Nr. 2 gestellten Aufgaben kann der Reichsführer-SS den in Frage stehenden Bevölkerungsteilen bestimmte Wohngebiete zuweisen.

Biuletyn Glownej Komisji Badania Zbrodni Hitlerowskich W Polsce [Bulletin der Hauptkommission zur Erforschung der Hitler-Verbrechen in Polen] XII, 1960, S. 4 f.

Hitler vor den Oberbefehlshabern, 23.11.1939: **73**

Als ich 1933 zur Macht kam, lag eine Periode des schwersten Kampfes hinter mir. Alles was vorher da war, hatte abgewirtschaftet. Ich mußte alles neu reorganisieren, angefangen vom Volkskörper bis zur Wehrmacht. Erst innere Reorganisation, Beseitigung der Erscheinungen des Zerfalls und des defaitistischen Geistes. Erziehung zum Heroismus... Ich sehe im Kampf das Schicksal aller Wesen. Niemand kann dem Kampf entgehen, falls er nicht unterliegen will. Die steigende Volkszahl erforderte neuen Lebensraum. Mein Ziel war, ein vernünftiges Verhältnis zwischen Volkszahl und Volksraum herbeizuführen. Hier muß der Kampf einsetzen. Um die Lösung dieser Aufgabe kommt kein Volk herum oder es muß verzichten und allmählich untergehen...

IMT XXVI, S. 328 f.

Aus einem Privatbrief von Helmuth Stieff, damals Leiter der Gruppe III der Operationsabt. des Generalstabs, nach einem Besuch in Warschau, 21.11.1939: **74**

Die blühendste Phantasie einer Greuelpropaganda ist arm gegen die Dinge, die eine organisierte Mörder-, Räuber- und Plünderbande unter angeblich höchster Duldung dort verbricht. Da kann man nicht mehr von „berechtigter Empörung über an Volksdeutschen begangene Verbrechen" sprechen. Diese Ausrottung ganzer Geschlechter mit Frauen und Kindern ist nur von einem Untermenschentum möglich, das den Namen Deutsch nicht mehr verdient. *Ich schäme mich, ein Deutscher zu sein!*[4] Diese Minderheit, die durch Morden, Plündern und Sengen den deutschen Namen besudelt, wird das Unglück des ganzen deutschen Volkes werden, wenn wir ihnen nicht bald das Handwerk legen. Denn solche Dinge, wie sie mir von kompetentester Seite an Ort und Stelle geschildert und bewiesen wurden, müssen die rächende Nemesis wachrufen. Oder dies Gesindel geht gegen uns Anständige eines Tages ebenso vor und terrorisiert mit seinen pathologischen Leidenschaften auch das eigene Volk.

VfZG 2, 1954, S. 300

Verordnung über die Deutsche Volksliste und die deutsche Staatsangehörigkeit, in den eingegliederten Ostgebieten. Vom 4.3.1941: **75**

Auf Grund des Erlasses des Führers und Reichskanzlers über Gliederung und Verwaltung der Ostgebiete vom 8. Oktober 1939 (Reichsgesetzblatt I S. 2042) wird folgendes verordnet:
Abschnitt I: Deutsche Volksliste
§ 1 (1) In den eingegliederten Ostgebieten wird zur Aufnahme der deutschen Bevölkerung eine Deutsche Volksliste eingerichtet, die sich in vier Abteilungen gliedert.

---

[4] Im Original unterstrichen.

(2) Die näheren Bestimmungen über die Voraussetzungen für die Aufnahme in die einzelnen Abteilungen der Deutschen Volksliste trifft der Reichsminister des Innern im Einvernehmen mit dem Reichsführer SS, Reichskommissar für die Festigung deutschen Volkstums.
(3) Eingetragen werden nur ehemalige polnische und ehemalige Danziger Staatsangehörige ...
Abschnitt II: Erwerb der deutschen Staatsangehörigkeit
§3 Die ehemaligen polnischen Staatsangehörigen, die die Voraussetzungen für die Abteilungen 1 oder 2 der Deutschen Volksliste erfüllen, erwerben ohne Rücksicht auf den Tag ihrer Aufnahme mit Wirkung vom 26. Oktober 1939 die deutsche Staatsangehörigkeit.
§4 Die ehemaligen Danziger Staatsangehörigen erwerben ohne Aufnahme in die Deutsche Volksliste mit Wirkung vom 1. September 1939 die deutsche Staatsangehörigkeit, sofern nicht die beim Regierungspräsidenten in Danzig eingerichtete Bezirksstelle der Deutschen Volksliste bis zum 31. Dezember 1941 feststellt, daß sie die Voraussetzungen für die Aufnahme in die Abteilungen 1 oder 2 der Deutschen Volksliste nicht erfüllen.
§5 Die ehemaligen polnischen oder Danziger Staatsangehörigen, die in die Abteilung 3 der Deutschen Volksliste aufgenommen werden, erwerben durch Einbürgerung die deutsche Staatsangehörigkeit.
§6 (1) Die ehemaligen polnischen oder Danziger Staatsangehörigen, die in die Abteilung 4 der Deutschen Volksliste aufgenommen werden, erwerben durch Einbürgerung die deutsche Staatsangehörigkeit auf Widerruf.
(2) Die deutsche Staatsangehörigkeit auf Widerruf erwerben ferner durch Einbürgerung auch diejenigen ehemaligen polnischen oder Danziger Staatsangehörigen fremder Volkszugehörigkeit, die auf Grund von Richtlinien des Reichsführers SS, Reichskommissars für die Festigung deutschen Volkstums, besonders bezeichnet werden.
(3) Der Erwerb der deutschen Staatsangehörigkeit kann nur binnen 10 Jahren seit der Einbürgerung widerrufen werden ...
§ 7 Die ehemaligen polnischen und Danziger Staatsangehörigen, welche die deutsche Staatsangehörigkeit nicht auf Grund der §§ 3 bis 6 besitzen oder sie später durch Widerruf verlieren, sind Schutzangehörige des Deutschen Reichs. Voraussetzung für den Besitz der Schutzangehörigkeit ist ein Wohnsitz im Inlande. Die Eigenschaft als Schutzangehöriger geht mit der Verlegung des Wohnsitzes in das Ausland verloren. Das Generalgouvernement ist nicht Inland im Sinne dieser Bestimmung.

Reichsgesetzblatt 1941 I, S. 118 f.

76 **Im „SS-Leitheft"**, hrsg. vom Reichsführer SS, nach dem Ausbruch des Krieges gegen Rußland:

Was aber den Goten, den Warägern und allen einzelnen Wanderern aus germanischem Blut nicht gelang – das schaffen jetzt wir, ein neuer Germanenzug, das schafft unser Führer, der Führer aller Germanen. Jetzt wird der

Ansturm der Steppe zurückgeschlagen, jetzt wird die Ostgrenze Europas endgültig gesichert, jetzt wird erfüllt, wovon germanische Kämpfer in den Wäldern und Weiten des Ostens einst träumten. Ein dreitausendjähriges Geschichtskapitel bekommt heute seinen glorreichen Schluß. Wieder reiten die Goten, seit dem 22. Juni 1941 - jeder von uns ein germanischer Kämpfer.

VfZG 2, 1954, S. 21

Aus Hitlers Ansprache an die Befehlshaber der Wehrmacht (in Stichworten), 30.3.1941: **77**

... England setzt seine Hoffnung auf Amerika und Rußland. Höchstleistung erst in 4 Jahren. Transportprobleme Rußlands. Rolle und Möglichkeiten. Begründung der Notwendigkeit, die russische Lage zu bereinigen. Nur so werden wir in der Lage sein, in zwei Jahren materiell und personell unsere Aufgaben in der Luft und auf den Weltmeeren zu meistern, wenn wir die Landfragen endgültig und gründlich lösen. Unsere Aufgaben gegenüber Rußland: Wehrmacht zerschlagen, Staat auflösen...

Nach Bemerkungen über den russischen Raum und die voraussichtlichen Kräfteverhältnisse:

...Kampf zweier Weltanschauungen gegeneinander. Vernichtendes Urteil über Bolschewismus; ist gleich sozialcs Verbrechertum. Kommunismus ungeheure Gefahr für die Zukunft. Wir müssen vom Standpunkt des soldatischen Kameradentums abrücken. Der Kommunist ist vorher kein Kamerad und nachher kein Kamerad. Es handelt sich um einen Vernichtungskampf. Wenn wir es nicht so auffassen, dann werden wir zwar den Feind schlagen, aber in 30 Jahren wird uns wieder der kommunistische Feind gegenüberstehen. Wir führen nicht Krieg, um den Feind zu konservieren. Künftiges Staatenbild: Nordrußland gehört zu Finnland. Protektorate Ostsccländer, Ukraine, Weißrußland.
Kampf gegen Rußland: Vernichtung der bolschewistischen Kommissare und der kommunistischen Intelligenz. Die neuen Staaten müssen sozialistische Staaten sein, aber ohne eigene Intelligenz. Es muß verhindert werden, daß eine neue Intelligenz sich bildet. Hier genügt eine primitive sozialistische Intelligenz. Der Kampf muß geführt werden gegen das Gift der Zersetzung. Das ist keine Frage der Kriegsgerichte. Die Führer der Truppe müssen wissen, worum es geht. Sie müssen in dem Kampf führen. Die Truppe muß sich mit den Mitteln verteidigen, mit denen sie angegriffen wird. Kommissare und GPU-Leute sind Verbrecher und müssen als solche behandelt werden. Deshalb braucht die Truppe nicht aus der Hand der Führer zu kommen. Der Führer muß seine Anordnungen im Einklang mit dem Empfinden der Truppe treffen.

Der Kampf wird sich sehr unterscheiden vom Kampf im Westen. Im Osten ist Härte mild für die Zukunft. Die Führer müssen von sich das Opfer verlangen, ihre Bedenken zu überwinden...

Halder-Tagebuch 30.3.1941, in: Hans-Adolf Jacobsen 1939–1945. Der Zweite Weltkrieg in Chronik und Dokumenten, 2. Aufl. Darmstadt 1961, S. 230 f.

78 **Hitler über die künftige Verwaltung in Rußland** bis zum Ural und Kaukasus, 16.7.1941. Aktenvermerk Bormanns über eine Besprechung bei Hitler mit Rosenberg, Lammers, Keitel, Göring und Bormann:

Wesentlich sei es nun, daß wir unsere Zielsetzung nicht vor der ganzen Welt bekanntgäben; dies sei auch nicht notwendig, sondern die Hauptsache sei, daß wir selbst wüßten, was wir wollten. Keinesfalls solle durch überflüssige Erklärungen unser eigener Weg erschwert werden. Derartige Erklärungen seien überflüssig, denn soweit unsere Macht reiche, könnten wir alles tun, und was außerhalb unserer Macht liege, könnten wir ohnehin nicht tun. Die Motivierung unsrer Schritte vor der Welt müsse sich also nach taktischen Gesichtspunkten richten. Wir müßten hier genau so vorgehen, wie in den Fällen Norwegen, Dänemark, Holland und Belgien. Auch in diesen Fällen hätten wir nichts über unsere Ansichten gesagt, und wir würden dies auch weiterhin klugerweise nicht tun. Wir werden also wieder betonen, daß wir gezwungen waren, ein Gebiet zu besetzen, zu ordnen und zu sichern; im Interesse der Landeseinwohner müßten wir für Ruhe, Ernährung, Verkehr usw. sorgen; deshalb unsere Regelung. Es soll also nicht erkennbar sein, daß sich damit eine endgültige Regelung anbahnt! Alle notwendigen Maßnahmen – Erschießen, Aussiedeln etc. – tun wir trotzdem und können wir trotzdem tun.

Wir wollen uns aber nicht irgendwelche Leute vorzeitig und unnötig zu Feinden machen. Wir tun also lediglich so, als ob wir ein Mandat ausüben wollten. Uns muß aber klar sein, daß wir aus diesen Gebieten nie wieder herauskommen.

Demgemäß handelt es sich darum:

1. Nichts für die endgültige Regelung zu verbauen, sondern diese unter der Hand vorzubereiten;
2. wir betonen, daß wir die Bringer der Freiheit wären.

Im einzelnen:

Die Krim muß von allen Fremden geräumt und deutsch besiedelt werden. Ebenso wird das alt-österreichische Galizien Reichsgebiet. Jetzt ist unser Verhältnis zu Rumänien gut, aber man weiß nicht, wie künftig zu jeder Zeit unser Verhältnis sein wird. Darauf haben wir uns einzustellen, und danach haben wir unsere Grenzen einzurichten. Man soll sich nicht vom Wohlwollen Dritter abhängig machen; danach müssen wir unser Verhältnis zu Rumänien einrichten.

Grundsätzlich kommt es also darauf an, den riesenhaften Kuchen handgerecht zu zerlegen, damit wir ihn erstens beherrschen, zweitens verwalten und drittens ausbeuten können.

Die Russen haben jetzt einen Befehl zum Partisanen-Krieg hinter unserer Front gegeben. Dieser Partisanen-Krieg hat auch wieder seinen Vorteil: er gibt uns die Möglichkeit auszurotten, was sich gegen uns stellt.
Grundsätzliches:
Die Bildung einer militärischen Macht westlich des Ural darf nie wieder in Frage kommen und wenn wir hundert Jahre darüber Krieg führen müßten. Alle Nachfolger des Führers müssen wissen: die Sicherheit des Reiches ist nur dann gegeben, wenn westlich des Urals kein fremdes Militär existiert; den Schutz dieses Raumes vor allen eventuellen Gefahren übernimmt Deutschland.
Eiserner Grundsatz muß sein und bleiben:
Nie darf erlaubt werden, daß ein anderer Waffen trägt, als der Deutsche! Dies ist besonders wichtig; selbst wenn es zunächst leicht erscheint, irgendwelche fremden unterworfenen Völker zur Waffenhilfe heranzuziehen, ist es falsch! Es schlägt unbedingt und unweigerlich eines Tages gegen uns aus. Nur der Deutsche darf Waffen tragen, nicht der Slawe, nicht der Tscheche, nicht der Kosak oder der Ukrainer!...

Es folgen ausführliche Einzelfragen mit räumlichen und personellen Festlegungen.

IMT XXXVIII, S. 87 f.

Der „Generalplan-Ost“ wurde vom Reichssicherheitshauptamt der SS Ende 1941 als ein 30-Jahresplan zur Eindeutschung eines weiten Gebietes im Osten (baltische Länder, Tschechei, Polen, Weißruthenien, Ukraine) ausgearbeitet. Der Text ist nicht erhalten. Der Inhalt ist jedoch aus der ausführlichen Stellungnahme eines Beamten im Ostministerium zu erschließen. Hieraus als Beispiel die Ausführungen zur Frage der Tschechen: **79**

Nach den heute vorhandenen Auffassungen soll ein großer Teil der Tschechen, soweit sie rassisch nicht bedenklich erscheinen, zur Eindeutschung gelangen. Man rechnet hier mit ungefähr 50% der tschechischen Bevölkerung, die hierfür in Betracht kommt. Geht man von diesen Zahlen aus, würden etwa 3½ Millionen Tschechen übrigbleiben, die, da ihre Eindeutschung nicht vorgesehen ist, allmählich aus dem Reichsgebiet entfernt werden müßten. Soweit es sich um tschechische intellektuelle Kreise hierbei handelt, ist stets mit einer besonderen Gefährlichkeit zu rechnen. Zwar äußert sich die Gefährlichkeit der Tschechen weniger in gewalttätigen Handlungen, wie dies bei Polen mehr der Fall zu sein scheint. Trotzdem kann nicht geleugnet werden, daß die tschechische Intelligenz von fanatischem Haß gegen das Deutschtum erfüllt ist und auf lange Sicht auch noch sein wird. Es sind des öfteren Pläne aufgetaucht, auch die rassisch unerwünschten Tschechen in die Ostgebiete abzuschieben. Dies kann bei der Intelligenz nicht in Betracht kommen. Man wird hier den Weg vorziehen müssen, der auch bei der unerwünschten polnischen Intelligenz angebracht zu sein scheint, der Weg der Auswanderung nach Übersee. Soweit es sich jedoch um verhältnismäßig harmlose tschechische Bauern, Handwerker, Industriearbeiter oder dergleichen handelt, dürften keine Bedenken bestehen, die Betreffenden zum Arbeitseinsatz und damit auch für eine Siedlung in den Ostgebieten zu verwenden, die nicht als deutsches Siedlungsgebiet vorgesehen sind. Es wäre dabei zu erwägen, in Betracht kommende geeignete Tschechen in den sibirischen Raum zu überführen, wo sie verstreut gleichfalls im Sibiriakentum aufgehen und damit dazu beitragen könnten, das Sibiriakentum weiter vom Russentum [fort] zu entwickeln.

VfZG 6, 1958, S. 319

80 **Aufzeichnung über die Unterredung Hitlers mit Sayid Amin al Husseini,** dem seit 1937 außerhalb Palästinas lebenden „Großmufti" von Jerusalem am 28.11.1941 in Berlin:

Der Großmufti bedankte sich zunächst beim Führer für die große Ehre, die ihm dieser erwiese, indem er ihn empfinge. Er benutze die Gelegenheit, um dem von der gesamten arabischen Welt bewunderten Führer des Großdeutschen Reiches seinen Dank für die Sympathie auszusprechen, die er stets für die arabische und besonders die palästinensische Sache gezeigt habe und der er in seinen öffentlichen Reden deutlichen Ausdruck verliehen habe. Die arabischen Länder seien der festen Überzeugung, daß Deutschland den Krieg gewinnen würde und daß es dann um die arabische Sache gut stehen würde. Die Araber seien die natürlichen Freunde Deutschlands, da sie die gleichen Feinde wie Deutschland, nämlich die Engländer, die Juden und die Kommunisten hätten. Sie seien daher auch bereit, von ganzem Herzen mit Deutschland zusammenzuarbeiten und stünden zur Teilnahme am Kriege zur Verfügung und zwar nicht nur negativ durch Verübung von Sabotageakten und Anstiftung von Revolutionen, sondern auch positiv durch Bildung einer arabischen Legion...

... Der Führer gab sodann dem Mufti folgende Erklärung ab, indem er ihn bat, sie in seinem tiefsten Herzen zu verschließen:

1. Er (der Führer) werde den Kampf bis zur völligen Zerstörung des jüdisch-kommunistischen europäischen Reiches fortführen.

2. Im Zuge dieses Kampfes würde zu einem heute noch nicht genau nennbaren, aber jedenfalls nicht fernen Zeitpunkt von den deutschen Armeen der Südausgang Kaukasiens erreicht werden.

3. Sobald dieser Fall eingetreten sei, würde der Führer von sich aus der arabischen Welt die Versicherung abgeben, daß die Stunde der Befreiung für sie gekommen sei. Das deutsche Ziel würde dann lediglich die Vernichtung des im arabischen Raum unter der Protektion der britischen Macht lebenden Judentums sein. In dieser Stunde würde dann auch der Mufti der berufenste Sprecher der arabischen Welt sein. Es würde ihm obliegen, die von ihm insgeheim vorbereitete arabische Aktion auszulösen. Dann würde auch Deutschland die Reaktion Frankreichs auf eine derartige Erklärung gleichgültig sein können.

Wenn Deutschland sich den Weg über Rostow zum Iran und nach Irak erzwinge, würde dies gleichzeitig den Beginn des Zusammenbruchs des britischen Weltreichs bedeuten. Er (der Führer) hoffe, daß sich für Deutschland im nächsten Jahre die Möglichkeit ergeben werden, das kaukasische Tor nach dem Mittleren Orient aufzustoßen. Es sei besser, im Dienst der gemeinsamen Sache mit der arabischen Proklamation noch einige Monate zu warten, als daß sich Deutschland selbst Schwierigkeiten schüfe, ohne den Arabern dadurch helfen zu können."

Staatsmänner und Diplomaten bei Hitler, Vertrauliche Aufzeichnungen über Unterredungen mit Vertretern des Auslandes 1939–1941, hrsg. von Andreas Hillgruber, München 1967, S. 662 ff.

Die Regie aller deutschen Öffentlichkeitsarbeit, besonders der Presse durch Joseph Goebbels (als Reichspropagandaminister) ist in Protokollen seiner regelmäßig während des Krieges abgehaltenen „Konferenzen" (20–50 Teilnehmer) festgehalten. Als Beispiele werden wiedergegeben: **81**

a) **Richtlinien im Hinblick auf den Krieg mit der Sowjet-Union,** 7.12.1941:

Die bisherige Propaganda hat den grundlegenden Fehler gemacht, daß sie das deutsche Volk durch Fernhaltung jeder unangenehmen Nachrichten überempfindlich für etwaige vorübergehende Rückschläge gemacht hat. Die Bevölkerung selbst weiß im allgemeinen mehr über die Gesamtlage, als sich lediglich aus der Presse ergibt, und sie verträgt und verlangt, daß man ihr auch unangenehme Wahrheiten mitteilt. Churchill hat es richtig gemacht, als er kurz nach Beginn des Krieges den Engländern „Blut, Schweiß und Tränen" in Aussicht stellte. Die deutsche Propaganda, die selbstverständlich den berechtigten Optimismus hinsichtlich des Kriegsausgangs immer zu ihrer Grundhaltung machen muß, soll in allen ihren Zweigen in Zukunft mehr realistisch gehalten sein. Als Beispiele verweist der Minister darauf, daß der Bevölkerung ruhig gesagt werden solle, daß die Gesamtlage im großen und ganzen Weihnachtsgeschenke erübrige, daß ihr die Einschränkungen im Reiseverkehr unter entsprechender Erläuterung nicht für einige Tage, sondern für längere Zeit in Aussicht gestellt werden müssen u. ä.

Der Minister kommt auf die Frage zu sprechen, wie der Widerstand der russischen Soldaten und der russischen Bevölkerung zu erklären sei. Er weist darauf hin, daß der Russe sehr viel Härteres gewohnt sei als der Deutsche. Die russische Armee kenne z. B. weder die Einrichtung einer Feldpost noch die Benachrichtigung von Verwandten im Todesfalle. Deutschland habe Frankreich besiegt, weil der Deutsche dem Franzosen an Härte überlegen war und der Deutsche müsse noch härter werden, um auch den Russen innerlich zu überwinden.

b) **Richtlinien im Hinblick auf die Vereinigten Staaten von Amerika** (nach deren Kriegseintritt), 16.12.1941:

Der Minister verlangt folgende propagandistische Maßnahmen gegen die USA:

1. Herstellung von Schriften, die sich an die deutsche Intelligenz wenden und in objektiver Darstellung nachweisen, daß die USA so gut wie keine

eigene Kultur besitzen, daß ihre kulturellen Erzeugnisse vielmehr im wesentlichen von europäischen Leistungen abgeleitet seien. In diesem Rahmen sollen auch Auseinandersetzungen mit dem amerikanischen Film stattfinden.
2. Daneben sollen sehr populäre Schriften herausgegeben werden, die sich an die breite Masse in Deutschland, insbesondere aber an die Jugend wenden und darstellen sollen, daß die kritiklose Übernahme gewisser amerikanischer Maßnahmen, wie auch z.B. der Jazz-Musik usw. eine Kulturlosigkeit bedeutet. Dabei soll u.a. auf die grotesken Verdrehungen hingewiesen werden, die z.B. in der Umwandlung Bach'scher Musik in Jazz-Musik zu erblicken sind.
3. Diese innerdeutsche Propaganda soll schon jetzt vorbereitet werden. Ihr Einsatz ist jedoch für den jetzigen Augenblick geplant, weil zurzeit in Deutschland eine erhebliche Welle der inneren Ablehnung der USA vorhanden ist. Bei dem deutschen Hang zur Objektivität muß aber, wie der Minister ausführt, damit gerechnet werden, daß diese Welle nach einiger Zeit abebbt und an ihre Stelle eine freundlichere Würdigung der Amerikaner tritt, wie dies auch im Verhältnis zu England im Verlauf dieses Krieges zeitweise zu beobachten war. Für den Augenblick dieses Stimmungsumschwungs soll das aufgeführte Material dann bereitliegen.

„Wollt Ihr den totalen Krieg?" Die geheimen Goebbels-Konferenzen 1939–1943, hrsg. und eingeleitet von Willi A. Boelcke, Stuttgart 1967, S. 196 f.; 199

82 Hitler über das Verhältnis zu England, 26. 7. 1942. Hitlers alte Vorstellungen blieben prinzipiell auch während des Krieges erhalten:

Dieser Krieg bringe es mit sich, daß er mit der Zeit allem den Garaus mache, was Deutschland gefährlich werden könnte.
Auf diese Weise ändere sich auch die Stellung Englands zu Europa völlig. Wenn England überhaupt noch eine europäische Mission habe, so nur die, die europäische Sicherheit ebenso zur See zu garantieren, wie wir sie nach Osten garantieren. Nach dem Geist, der die englische Marine und Luftwaffe heute noch beherrsche, sei das auch durchaus vorstellbar.
Aber es sei fraglich, ob die maßgebenden englischen Politiker erkennen würden, wie wenig das europäische Gleichgewicht eine Rolle für den Mißstand des britischen Imperiums spiele und daß die englischen Kolonien heute nur noch von außereuropäischen Ländern bedroht würden. Denn nicht die Engländer, sondern die Juden machten ja über ihre erkauften Helfer die heutige Kriegspolitik ... Hitler bemerkte weiter: Er habe den Ausgleich mit England auf der Basis gesucht, daß Kolonien für uns gar nicht notwendig seien. Allein schon das Problem der Aufrechterhaltung der Verbindung zwischen Großdeutschland und solchen etwa in Afrika gelegenen Kolonien mache Schwierigkeiten.
Denn die Aufrechterhaltung einer solchen Verbindung erfordere Flotten- und noch mehr Flugzeugstützpunkte. In diesem Zeitpunkt sei unsere geographische Lage dafür weltstrategisch denkbar ungünstig.

Die Verbindung nach den besetzten Ostgebieten dagegen sei ohne Schwierigkeiten zu schaffen, denn sie lasse sich allein schon durch den Bau von Straßen und Eisenbahnen hinreichend bewerkstelligen. Ein unabweisbares Bedürfnis für Kolonien könne er in Anbetracht der Ostgebiete mit ihren außerordentlichen Rohstoffmöglichkeiten, nicht anerkennen. Tee, Gewürze, Gummi könnten wir aus ihnen gewinnen, wobei man allerdings bezüglich der Gewinnung einer klimafesten Gummipflanze ebenso wie seinerzeit bei der Züchtung der Zuckerrübe verfahren müßte. Lediglich des Kaffees wegen Kolonialwege zu erschließen, sei unverständig.

Tischgespräche, S. 123 f.

Hitler vor den Reichs- und Gauleitern über Kriegslage und Kriegsziele, 8.5.1943: **83**

Am Nachmittag findet dann die Reichs- und Gauleiterbesprechung beim Führer statt. Der Führer zeichnet die um ihn versammelte Parteiführerschaft durch eine ausführliche Darlegung der Lage aus. Er beginnt damit, daß sich in diesem Kriege bürgerliche und revolutionäre Staaten gegenüberstehen. Die Niederwerfung der bürgerlichen Staaten ist für uns ein Leichtes gewesen, denn sie waren uns rein erziehungs- und einstellungsmäßig vollkommen unterlegen. Die Weltanschauungsstaaten haben den bürgerlichen Staaten gegenüber insofern einen Vorteil, als sie auf einem klaren geistigen Boden stehen. Die daraus erwachsende Überlegenheit ist uns bis zum Ostfeldzug außerordentlich zustatten gekommen. Da allerdings trafen wir auf einen Gegner, der eben auch eine Weltanschauung, wenn auch eine falsche, vertritt. Führer schildert noch einmal den Fall Tuchatschewsky und gibt dabei der Meinung Ausdruck, daß wir damals ganz falsch orientiert waren, als wir glaubten, Stalin würde dadurch die Rote Armee ruinieren. Das Gegenteil ist der Fall: Stalin hat sich alle oppositionellen Kreise aus der Roten Armee vom Halse geschafft und damit erreicht, daß eine defaitistische Strömung innerhalb dieser Armee nicht mehr vorhanden ist. Auch die Einführung der Politischen Kommissare hat sich für die Kampfkraft der Roten Armee außerordentlich günstig ausgewirkt. Wenn man sich vorstellt, daß das primitive Menschenmaterial des Ostens nur durch Härte zur Disziplin angehalten werden kann, dann weiß man ungefähr, was Stalin mit der Einführung der Politischen Kommissare bezweckte und praktisch auch erreicht hat.

Stalin hat uns gegenüber darüber hinaus auch noch den Vorteil, keine Gesellschaftsopposition zu besitzen. Auch die hat der Bolschewismus durch Liquidation in den vergangenen 25 Jahren beseitigt. Wenn die gesellschaftliche Opposition uns auch nicht gefährlich ist, so kann sie uns doch allerhand Lästigkeiten bereiten. Sie meckert und stänkert, ohne eine tiefere Kenntnis von den Dingen zu besitzen, und raubt uns damit außerordentlich viel Kampfkraft. Der Bolschewismus hat sich diese Gefahr rechtzeitig vom Halse geschafft und kann deshalb seine ganze Kraft gegen den Feind richten. Im Innern gibt es praktisch keine Opposition mehr.

Die kirchliche Opposition, die uns auch außerordentlich viel zu schaffen macht, ist ja auch im Bolschewismus nicht mehr vorhanden. Wenn heute von einem Metropoliten von Moskau gesprochen wird, so ist das natürlich ein aufgelegter Judenschwindel. Der Führer verweist mit Recht darauf, daß unter Umständen dieser Metropolit vor einigen Monaten noch Möbelpakker gewesen ist. Insofern hat also Stalin es außerordentlich viel leichter als wir. Er hat sein Volk einheitlich ausgerichtet. Es steht unter der bolschewistischen Erziehung oder der bolschewistischen Knute; jedenfalls gibt es in der Sowjetunion keine andere Meinung als die der Kremlgewaltigen.

Nach Kritik an den Verbündeten, besonders an Ungarn mit seinen judenfreundlichen Tendenzen:

Aus alledem aber hat der Führer die Konsequenzen gezogen, daß das Kleinstaatengerümpel, das heute noch in Europa vorhanden ist, so schnell wie möglich liquidiert werden muß. Es muß das Ziel unseres Kampfes bleiben, ein einheitliches Europa zu schaffen. Europa kann aber eine klare Organisation nur durch die Deutschen erfahren. Eine andere Führungsmacht ist praktisch nicht vorhanden. Der Führer betont in diesem Zusammenhang wiederum, daß wir froh darüber sein müssen, keine Japaner auf dem europäischen Kontinent zu besitzen. Wenn die Italiener uns heute auch sehr viele Sorgen und Schwierigkeiten bereiten, so müssen wir uns doch glücklich preisen, daß sie uns bei der späteren Organisierung Europas keine ernsthafte Konkurrenz stellen können. Wären die Japaner auf dem europäischen Kontinent angesiedelt, so würden die Dinge wesentlich anders liegen. Heute aber sind wir praktisch die einzige in Betracht kommende Führungsmacht auf dem europäischen Festland...
... Der Führer gibt seiner unumstößlichen Gewißheit Ausdruck, daß das Reich einmal ganz Europa beherrschen wird. Wir werden dafür noch sehr viele Kämpfe zu bestehen haben, aber sie werden zweifellos zu den herrlichsten Erfolgen führen. Von da ab ist praktisch der Weg zu einer Weltherrschaft vorgezeichnet. Wer Europa besitzt, der wird damit die Führung der Welt an sich reißen.
In diesem Zusammenhang können wir natürlich Fragen von Recht und Unrecht überhaupt nicht zur Diskussion akzeptieren. Der Verlust dieses Krieges würde für das deutsche Volk das größte Unrecht darstellen, der Sieg gibt uns das größte Recht. Überhaupt wird der Sieger auch die alleinige Möglichkeit besitzen, die moralische Berechtigung seines Kampfes vor der Weltöffentlichkeit nachzuweisen... Wir haben soviele Chancen in der Hand, daß wir mit bestem Gewissen der weiteren Entwicklung entgegenschauen können. Der Führer verweist mit Recht darauf, daß seine Prophetien aus den Jahren 1919, 1920 und 1921 frech und unverschämt gewesen seien. Heute seien sie nur Ausflüsse seines realen Denkens und seiner erschöpfenden Übersicht über die allgemeine Lage. Nie darf in uns ein Zweifel am Siege aufkommen. Der Führer ist fest entschlossen, diesen

Kampf unter allen Umständen durchzusetzen. Er will ihn nicht vor zwölf, sondern unter allen Umständen nach zwölf Uhr aufgeben...

Goebbels' Tagebücher, hrsg. von Lochner, S. 322 ff.

Himmler über das ihm ungelegen kommende Problem sowohl der russischen Armee wie das des „minderwertigen" Slawen in einer Rede vor den Reichs- und Gauleitern in Posen am 6. 10. 1943. Im Unterschied zu den „germanischen" Hilfstruppen in der Waffen-SS wurden die zahlreichen russischen (Kriegsgefangenen-) Hilfs- oder Freiwilligen unter General Andrej Wlassow von Hitler zunächst nicht als Verbündete zugelassen, da dies seinen Prinzipien widersprach. Die erst im November 1944 offiziell anerkannte antisowjetisch-russische Wlassow-Armee wurde nach Kriegsende von britischer Seite an die Sowjet-Union – dort Verschickung in den „Gulag" – ausgeliefert: 84

Ich habe in der ganzen Angelegenheit der Wlassow-Propaganda wirklich Angst bekommen. Ich bin nie pessimistisch und rege mich wirklich nicht leicht über etwas auf. Diese Sache aber schien mir gefährlich. Sie schien mir gefährlich in dem Augenblick, wo ich von deutschen Soldaten Briefe bekam, in denen stand: Wir haben den Russen unterschätzt. Er ist nicht der Roboter und Untermensch, als den wir ihn in unserer Propaganda kennen gelernt haben. Es ist ein edles Volk, das unterdrückt war. Wir müßten ihm den Nationalsozialismus beibringen und eine russische nationalsozialistische Partei aufmachen. Der Russe hat nationale Ideale. – Und dann kommen die Gedanken des Herrn Wlassow: Rußland ist noch niemals durch Deutschland besiegt worden. Rußland kann nur durch Russen besiegt werden. – Dazu bietet sich das russische Schwein, Herr General Wlassow, an. Diesem Mann wollten nun manche Greise bei uns eine Millionen-Armee in die Hand drücken. Diesem unzuverlässigen Burschen wollten sie Waffen und Gerät in die Hand geben, damit er vielleicht gegen Rußland losgeht, vielleicht auch eines Tages, was sehr wahrscheinlich gewesen wäre, gegen uns.

Die Stärke unserer deutschen Soldaten und unseres ganzen deutschen Volkes beruht im Glauben, im Herzen und in der Überzeugung, daß wir gemäß unserer Rasse und gemäß unserem Volkstum mehr wert sind als die anderen. Das ist, meine Herren, das Fundament, die Voraussetzung unserer geschichtlichen Existenz. Ein Volk, das in der Mitte Europas liegt, von allen Seiten vom Feind umgeben ist, einen Dreißigjährigen Krieg überlebt hat, aus dem es mit dreieinhalb bis vier Millionen Menschen herauskam und sich dann zur geschichtlichen Größe eines Großdeutschland und eines werdenden Germanischen Reiches durchschlägt, ein solches Volk hat seine Existenz nur aufgrund seiner Qualität seines rassischen Wertes. In dem Augenblick, wo wir an unserem Glauben, an diesem rassischen Wert selbst zu zweifeln beginnen, ist Deutschland, ist der germanische Mensch verloren. Denn die anderen sind mehr als wir. Wir aber sind mehr wert als sie. Unsere Aufgabe in den nächsten Generationen, in den nächsten Jahrhunderten ist, wie es ehedem in grauer Vorzeit war, daß dieser nordische

Mensch wieder die Führungsschicht für ganze Erdteile stellen wird und damit die Welt regiert. In dem Augenblick, wo wir an diesem Fundament zu graben und zu sprengen beginnen, indem wir unserer eigenen Infanterie sagen, daß wir den Russen nicht besiegen können und daß der Russe nur durch Russen besiegt werden kann, in dem Augenblick beginnen wir uns umzubringen. Das ist die große Gefahr der Wlassow-Bewegung. Deswegen mußte sie verboten werden. Der Führer hat sie striktest verboten, und deswegen muß sie bei uns, in unseren eigenen Reihen geistig ausgerottet werden bis zum Letzten.

Nun zum Problem des Slawen überhaupt. Ich will Ihnen etwas sagen, meine Parteigenossen. Wir brauchen ja doch den Slawen, ob es nun ein Serbe, ein Tscheche oder ein Russe ist, nur so zu behandeln, wie in der Geschichte alle slawischen Völker immer von denen, die tatsächlich geherrscht haben, behandelt wurden. Diejenigen nämlich, die mit den Slawen fertig wurden – ob es ein Peter der Große war oder ob es noch früher in den asiatischen Räumen ein Dschingis Khan war oder ob es heute ein Herr Lenin oder ein Herr Stalin ist –, die kannten ihre Leute...

Die herrschenden Männer wußten ganz genau, daß der Slawe die Eigenart hat, zu diskutieren und alles geistig zu sezieren. Alles auseinanderpflücken, das ist die Philosophie des Slawen. Nehmen Sie das polnische Volk als leuchtendes Beispiel. Niemals fähig, etwas selbst zu schaffen und zu organisieren, ist es immer fähig zu konspirieren, um die jeweils vorhandenen Herren zu stürzen. Wer diese Eigenschaft des Slawen nicht kennt, wer ihn nicht so einschätzt wie er ist, mit der ganzen Skala von rechts bis links, mit den ganzen rassischen Erscheinungsbildern, die in diesem Mischvolk aus Mongolentum und germanischen Rasseteilen immer wieder herausmendeln, der wird allerdings am Slawen immer scheitern. Selbstverständlich werden wir einen Slawen finden, aus dem eine früher einmal gute Rasse herausmendelt. Dann wollen wir dessen Kinder nehmen und nach Deutschland bringen. Fügt er sich nicht, wollen wir ihn totschlagen, weil er gefährlich ist. Denn er wird ein gefährlicher Führer für die andern. Fügt er sich, wollen wir ihn wie jedes germanische Blut, aber auch kein anderes, in unseren Volkskörper aufnehmen, ihn erziehen und nie mehr in diesen Raum zurücklassen.

Heinrich Himmler, Geheimreden, S. 164 ff.

85 Die SS im Dienst des „Germanischen Reiches". Aus der Rede des SS-Obergruppenführers Berger vor Generalen, März 1944:

Nach den Siegen 1939/40 habe sich die Möglichkeit für das deutsche Volk ergeben, eine Neugestaltung Europas herbeizuführen, die germanischen Völker unseres Kontinents unter seiner Führung zu einigen und ein germanisches Reich zu schaffen...

... Es gab auf dem Festland außer Deutschland kein anderes Volk mehr, das diese Aufgabe durchführen konnte. Und so wandelte sich der Sinn dieses Krieges unter dem Einfluß der Geschehnisse. Aus dem verteidigenden

Kampf zur Sicherung seines nationalen Bestandes wurde Deutschland in die Verpflichtung hineingedrängt, über Deutschland hinaus ganz Europa zu verteidigen. Dies um so mehr, als von Monat zu Monat klarer zutage trat, daß auf der einen Seite Amerika mit aller Kraft dem Kriege nachlief, weil das dort herrschende Judentum unter keinen Umständen einen Aufstieg und eine Zusammenfassung der europäischen Kräfte zu dulden bereit war, und auf der anderen Seite die drohende Gefahr des Bolschewismus immer mehr anwuchs.

Der Bolschewismus wollte die günstige Gelegenheit des Krieges in Europa benutzen - wie schon Lenin vorausgesagt hatte - um als lachender Dritter seine Ziele in Europa zu erreichen. Dies aber bedeutete den Untergang der gesamten abendländischen Kultur. Unser Führer Adolf Hitler sah diese Entwicklung klar voraus. Darum hat er die norwegischen und holländischen Soldaten sofort in ihre Heimat entlassen! Er hat die nationalsozialistischen Kräfte in Norwegen, Holland und Flandern zur Mitarbeit aufgerufen und hat den germanischen Männern die Möglichkeit gegeben, mitzukämpfen für die Freiheit Europas im Kampf gegen den Bolschewismus...

... Die Schutzstaffel sieht seit dem Jahre 1929, als der Reichsführer-SS sie übernahm, als Fernziel das germanische Reich. Dieses Fernziel ist notwendig mitgegeben, wenn die SS ein Verband nordisch bestimmter Männer sein soll. Sie kann nicht Halt machen vor künstlich gezogenen Grenzen. Wir haben deshalb schon früh die Verbindung gesucht mit den Erneuerungsbewegungen in den germanischen Ländern, und einzelne Vertreter dieser germanischen Länder dienten vor dem Jahre 1940 in unseren SS-Standarten „Germania“ und „Deutschland“...

Im Führerbefehl vom 15. Juni 1940 war festgelegt, daß in der SS-Standarte „Westland“ niederländische und deutsche Männer gemeinsam dienen im Sinne einer germanisch-völkischen Reichspolitik. Um den Ersatz dieser SS-Standarte sicherzustellen, hat mich der Reichsführer-SS im Jahre 1940 beauftragt, Ersatzkommandos der Waffen-SS in den Niederlanden, in Flandern und in Norwegen zu errichten. Zu SS-Standarte „Westland“ ist die SS-Standarte „Nordland“ hinzugekommen...

Am 31.1.1944 ist der Stand der Freiwilligen aus den germanischen Ländern folgender:

Norwegen	3878
Dänemark (Dänen)	5006
Niederlande	18473
Flandern	5033
Wallonien	1812
Schweden	101
Schweiz	584
	34887
Dazu kommen aus Frankreich	2480 Freiwillige,
so daß wir heute insgesamt	37367 Freiwillige

im Rahmen der Waffen-SS haben. Zugang wöchentlich 2000 Mann. In der Zahl der Wallonen sind die bei der Übernahme der Legion „Wallonie" von der Wehrmacht zur Waffen-SS überführten Freiwilligen nicht enthalten...

Jacobsen, 1939/1945, S. 460 ff.

86 Himmler über die Ostgrenze des „Germanischen Reiches" 3.8.1944 auf der Gauleitertagung in Posen. Gegen Schluß der Rede über den 20. Juli, in der er scharf gegen die Offiziere der Wehrmacht polemisierte, sagte er:

Über das Problem, daß wir die Hunderttausende von Quadratkilometern oder die Million Quadratkilometer, die wir verloren haben, im Osten wieder holen, brauchen wir uns überhaupt gar nicht zu unterhalten. Das ist ganz selbstverständlich. Das Programm ist unverrückbar, daß wir die Volkstumsgrenze um 500 km herausschieben, daß wir hier siedeln. Es ist unverrückbar, daß wir ein germanisches Reich gründen werden. Es ist unverrückbar, daß zu den 90 Millionen die 30 Millionen übrigen Germanen dazukommen werden, so daß wir unsere Blutbasis auf 120 Millionen Germanen vermehren. Es ist unverrückbar, daß wir die Ordnungsmacht auf dem Balkan und sonst in Europa sein werden, daß wir dieses ganze Volk wirtschaftlich, politisch und militärisch ausrichten und ordnen werden. Es ist unverrückbar, daß wir diesen Siedlungsraum erfüllen, daß wir hier den Pflanzgarten germanischen Blutes im Osten errichten, und es ist unverrückbar, daß wir eine Wehrgrenze weit nach dem Osten hinausschieben. Denn unsere Enkel und Urenkel hätten den nächsten Krieg verloren, der sicher wieder kommen wird, sei es in einer oder in zwei Generationen, wenn nicht die Luftwaffe im Osten - sprechen wir es ruhig aus - am Ural stehen würde. Wer für den künftigen Luftkrieg nicht einen Spielraum von 2000, 3000 km hat, der hat den nächsten Krieg verloren.

Außerdem finde ich es so wunderbar, wenn wir uns heute schon darüber klar sind: Unsere politischen, wirtschaftlichen, menschlichen, militärischen Aufgaben haben wir in dem herrlichen Osten. Wenn es den Kosaken geglückt ist, sich für den russischen Zaren bis ans Gelbe Meer durchzufressen und das ganze Gebiet allmählich zu erobern, dann werden wir und unsere Söhne es in drei Teufels Namen fertigbringen, Jahr für Jahr, Generation für Generation unsere Bauerntrecks auszurüsten und von dem Gebiet, das wir zunächst hinter der militärischen Grenze haben, immer einige hundert Kilometer zunächst mit Stützpunkten zu versehen und dann allmählich flächenmäßig zu besiedeln und die anderen herauszudrängen. Das ist unsere Aufgabe.

VfZG 1, 1953, S. 393 f.

Verwaltungs- verordnung

III. Die Konsequenzen des Antisemitismus als des Zentrums der Politik Hitlers

Über die Errichtung gesonderter jüdischer Schulen. Erlaß des Reichskultusministers Rust, 10.9.1935: **87**

Eine Hauptvoraussetzung für jede gedeihliche Erziehungsarbeit ist die rassische Übereinstimmung von Lehrer und Schüler. Kinder jüdischer Abstammung bilden für die Einheitlichkeit der Klassengemeinschaft und die ungestörte Durchführung der nationalsozialistischen Jugenderziehung auf den allgemeinen öffentlichen Schulen ein starkes Hindernis. Die auf meine Anordnung bisher vorgenommenen Stichproben in einzelnen preußischen Gebietsteilen haben gezeigt, daß die öffentlichen Volksschulen noch immer in nicht unerheblichem Maße von jüdischen Schülern und Schülerinnen besucht werden. Vornehmlich ist dies der Fall in den größeren Städten; aber auch auf dem platten Lande finden sich Gebiete, die mehr oder minder stark mit Juden besiedelt sind ...

... Ich beabsichtige daher, vom Schuljahr 1936 ab für die reichsangehörigen Schüler aller Schularten eine möglichst vollständige Rassentrennung durchzuführen ...

Es folgen Einzelbestimmungen.

Dokumente der deutschen Politik, Bd. 3, S. 152

Reichsbürgergesetz, 15.9.1935. **88**

Der Reichstag hat einstimmig das folgende Gesetz beschlossen, das hiermit verkündet wird.

§ 1 1. Staatsangehöriger ist, wer dem Schutzverband des Deutschen Reiches angehört und ihm dafür besonders verpflichtet ist.

2. Die Staatsangehörigkeit wird nach den Vorschriften des Reichs- und Staatsangehörigkeitsgesetzes erworben.

§ 2 1. Reichsbürger ist nur der Staatsangehörige deutschen oder artverwandten Blutes, der durch sein Verhalten beweist, daß er gewillt und geeignet ist, in Treue dem deutschen Volk und Reich zu dienen.

2. Das Reichsbürgerrecht wird durch Verleihung des Reichsbürgerbriefes erworben.

3. Der Reichsbürger ist der alleinige Träger der vollen politischen Rechte nach Maßgabe der Gesetze ...

Reichsgesetzblatt 1935 I, S. 1146

Gesetz zum Schutze des deutschen Blutes und der deutschen Ehre, 15.9.1935: **89**

Durchdrungen von der Erkenntnis, daß die Reinheit des deutschen Blutes die Voraussetzung für den Fortbestand des deutschen Volkes ist, und beseelt von dem unbeugsamen Willen, die deutsche Nation für alle

Zukunft zu sichern, hat der Reichstag einstimmig das folgende Gesetz beschlossen, das hiermit verkündet wird.

§ 1 1. Eheschließungen zwischen Juden und Staatsangehörigen deutschen oder artverwandten Blutes sind verboten. Trotzdem geschlossene Ehen sind nichtig, auch wenn sie zur Umgehung dieses Gesetzes im Ausland geschlossen sind.

2. Die Nichtigkeitsklage kann nur der Staatsanwalt erheben.

§ 2 Außerehelicher Verkehr zwischen Juden und Staatsangehörigen deutschen oder artverwandten Blutes ist verboten.

§ 3 Juden dürfen weibliche Staatsangehörige deutschen oder artverwandten Blutes unter 45 Jahren in ihrem Haushalt nicht beschäftigen.

§ 4 1. Juden ist das Hissen der Reichs- und Nationalflagge und das Zeigen der Reichsfarben verboten.

2. Dagegen ist ihnen das Zeigen der jüdischen Farben gestattet. Die Ausübung dieser Befugnis steht unter staatlichem Schutz.

§ 5 1. Wer dem Verbot des § 1 zuwiderhandelt, wird mit Zuchthaus bestraft.

2. Der Mann, der dem Verbot des § 2 zuwiderhandelt, wird mit Gefängnis oder mit Zuchthaus bestraft.

3. Wer den Bestimmungen der §§ 3 oder 4 zuwiderhandelt, wird mit Gefängnis bis zu einem Jahr und mit Geldstrafe oder mit einer dieser Strafen bestraft...

Reichsgesetzblatt 1935 I, S. 1146

90 **Aus den Verordnungen gegen die Juden,** 1938. Nach den auf Befehl organisierten Gewalttaten gegen Juden, Plünderungen jüdischen Eigentums und Verbrennungen von Synagogen als angeblich „spontane" Reaktion des deutschen Volkes (Goebbels) auf die Ermordung eines deutschen Legationssekretärs in Paris durch einen Juden wurden einschneidende Verordnungen zur „Sühne" gegen die Juden im Deutschen Reich erlassen. In diesen hieß es u.a.:

Den Juden deutscher Staatsangehörigkeit in ihrer Gesamtheit wird die Zahlung einer Kontribution von 1 Milliarde RM an das Deutsche Reich auferlegt...

Juden ist vom 1. Januar 1939 ab der Betrieb von Einzelhandelsverkaufsstellen, Versandgeschäften oder Bestellkontoren sowie der selbständige Betrieb eines Handwerks untersagt...

Alle Schäden, welche durch die Empörung des Volkes über die Hetze des internationalen Judentums gegen das nationalsozialistische Deutschland am 8., 9. und 10. November 1938 an jüdischen Gewerbebetrieben und Wohnungen entstanden sind, sind vom jüdischen Inhaber oder jüdischen Gewerbetreibenden sofort zu beseitigen...

Nachdem der nationalsozialistische Staat es den Juden bereits seit über 5 Jahren ermöglicht hat, innerhalb besonderer jüdischer Organisationen ein eigenes Kulturleben zu schaffen und zu pflegen, ist es nicht mehr angängig, sie an Darbietungen der deutschen Kultur teilnehmen zu lassen. Daher

Abb. 6: Eine jüdische Familie strebt nach der Besetzung des Memellandes 1939 mit nur wenigen Habseligkeiten dem Bahnhof zu, um das Land zu verlassen und so weiteren Verfolgungen zu entgehen, während im Hintergrund eine Gruppe SS-Leute höhnisch die Szene betrachtet.

Verbot des Zutritts zu Theatern, Kinos, Konzerten, Vorträgen, Zirkusveranstaltungen usw.

Reichsgesetzblatt 1938 I, S. 1579–1581 sowie Völkischer Beobachter, 14. 11. 1938

Vernichtungsarbeit der „Einsatzkommandos" der SS. Eine „Ereignismeldung", 3. 11. 1941: **91**

... Was die eigentliche Exekutive anbelangt, so sind von den Kommandos der Einsatzgruppe bisher etwa 80 000 Personen liquidiert worden.
Darunter befinden sich etwa 8 000 Personen, denen aufgrund von Ermittlungen eine deutschfeindliche oder bolschewistische Tätigkeit nachgewiesen werden konnte.
Der verbleibende Rest ist aufgrund von Vergeltungsmaßnahmen erledigt worden.
Mehrere Vergeltungsmaßnahmen wurden im Rahmen von Großaktionen durchgeführt. Die größte dieser Aktionen fand unmittelbar nach der Ein-

nahme Kiews statt; es wurden hierzu ausschließlich Juden mit ihrer gesamten Familie verwandt...

... Wenn auch bis jetzt auf diese Weise insgesamt etwa 75000 Juden liquidiert worden sind, so besteht doch schon heute Klarheit darüber, daß damit eine Lösung des Judenproblems nicht möglich sein wird. Es ist zwar gelungen, vor allem in kleineren Städten und auch in den Dörfern eine restlose Bereinigung des Judenproblems herbeizuführen; in größeren Städten dagegen wird immer die Beobachtung gemacht, daß nach einer solchen Exekution zwar sämtliche Juden verschwunden sind, kehrt aber alsdann nach einer bestimmten Frist ein Kommando nochmals zurück, so wird immer wieder eine Anzahl von Juden festgestellt, die ganz erheblich die Zahl der exekutierten Juden übersteigt...

Archiv des Instituts f. Zeitgeschichte. In: Jacobsen, 1939/1945, S. 680

92 Parteiinterne Information über die beabsichtigte „Endlösung“ der Judenfrage
aus der Partei-Kanzlei bis zu Gau- und Kreisleitern, 9.10.1942:

Im Zuge der Arbeiten an der Endlösung der Judenfrage werden neuerdings innerhalb der Bevölkerung in verschiedenen Teilen des Reichsgebiets Erörterungen über „sehr scharfe Maßnahmen“ gegen die Juden besonders in den Ostgebieten angestellt. Die Feststellungen ergaben, daß solche Ausführungen – meist in entstellter und übertriebener Form – von Urlaubern der verschiedenen im Osten eingesetzten Verbände weitergegeben werden, die selbst Gelegenheit hatten, solche Maßnahmen zu beobachten.

Es ist denkbar, daß nicht alle Volksgenossen für die Notwendigkeit solcher Maßnahmen das genügende Verständnis aufzubringen vermögen, besonders nicht die Teile der Bevölkerung, die keine Gelegenheit haben, sich aus eigener Anschauung ein Bild von dem bolschewistischen Greuel zu machen.

Um jeder Gerüchtebildung in diesem Zusammenhang, die oftmals bewußt tendenziösen Charakter trägt, entgegentreten zu können, werden die nachstehenden Ausführungen zur Unterrichtung über den derzeitigen Sachstand wiedergegeben:

Seit 2000 Jahren wurde ein bisher vergeblicher Kampf gegen das Judentum geführt. Erst seit 1933 sind wir daran gegangen, nunmehr Mittel und Wege zu suchen, die eine völlige Trennung des Judentums vom deutschen Volkskörper ermöglichen. Die bisher durchgeführten Lösungsarbeiten lassen sich im wesentlichen wie folgt unterteilen:

1. Zurückdrängung der Juden aus den einzelnen Lebensgebieten des deutschen Volkes.

Hier sollen die durch den Gesetzgeber erlassenen Gesetze das Fundament bilden, das die Gewähr dafür bietet, auch die künftigen Generationen vor einem etwaigen neuerlichen Überfluten durch den Gegner zu schützen.

2. Das Bestreben, den Gegner aus dem Reichsgebiet völlig hinauszudrängen.

In Anbetracht des dem deutschen Volk zur Verfügung stehenden, nur eng begrenzten Lebensraumes hoffte man, dieses Problem im wesentlichen durch die Beschleunigung der Auswanderung der Juden zu lösen.
Seit Beginn des Krieges 1939 wurden diese Auswanderungsmöglichkeiten in zunehmendem Maße geringer, zum andern wuchs neben dem Lebensraum des deutschen Volkes sein Wirtschaftsraum stetig an, so daß heute in Anbetracht der großen Zahl der in diesen Gebieten ansässigen Juden eine restlose Zurückdrängung durch Auswanderung nicht mehr möglich ist.
Da schon unsere nächste Generation diese Frage nicht mehr so lebensnah und auf Grund der ergangenen Erfahrungen nicht mehr klar genug sehen wird, und die nun einmal ins Rollen gekommene Angelegenheit nach Bereinigung drängt, muß das Gesamtproblem noch von der heutigen Generation gelöst werden. Es ist daher die völlige Verdrängung bzw. Ausscheidung der im europäischen Wirtschaftsraum ansässigen Millionen von Juden ein zwingendes Gebot im Kampf um die Existenzsicherung des deutschen Volkes.
Beginnend mit dem Reichsgebiet und überleitend auf die übrigen in die Endlösung einbezogenen europäischen Länder werden die Juden laufend nach dem Osten in große, zum Teil vorhandene, zum Teil noch zu errichtende Lager transportiert, von wo aus die entweder zur Arbeit eingesetzt oder noch weiter nach Osten verbracht werden. Die alten Juden sowie Juden mit hohen Kriegsauszeichnungen (EK I., Goldene Tapferkeitsmedaille usw.) werden laufend nach der im Protektorat Böhmen und Mähren gelegenen Stadt Theresienstadt umgesiedelt. Es liegt in der Natur der Sache, daß diese teilweise sehr schwierigen Probleme im Interesse der endgültigen Sicherung unseres Volkes nur mit rücksichtsloser Härte gelöst werden können.

Archiv des Instituts für Zeitgeschichte. In: Jacobsen, 1939/1945, S. 584 f.

Aus dem „Wannsee-Protokoll", 20.1.1942 (über eine Besprechung in Berlin-Wannsee zwischen Vertretern der SS, der Partei und der Reichsregierung): **93**

... II. Chef der Sicherheitspolizei und des SD, SS-Obergruppenführer Heydrich, teilte eingangs seine Bestallung zum Beauftragten für die Vorbereitung der Endlösung der europäischen Judenfrage durch den Reichsmarschall mit und wies darauf hin, daß zu dieser Besprechung geladen wurde, um Klarheit in grundsätzlichen Fragen zu schaffen. Der Wunsch des Reichsmarschalls, ihm einen Entwurf über die organisatorischen, sachlichen und materiellen Belange im Hinblick auf die Endlösung der europäischen Judenfrage zu übersenden, erfordert die vorherige gemeinsame Behandlung aller an diesen Fragen unmittelbar beteiligten Zentralinstanzen im Hinblick auf die Parallelisierung der Linienführung.
Die Federführung bei der Bearbeitung der Endlösung der Judenfrage liege ohne Rücksicht auf geographische Grenzen zentral beim Reichsführer-SS und Chef der Deutschen Polizei (Chef der Sicherheitspolizei und des SD)...

III. An Stelle der Auswanderung ist nunmehr als weitere Lösungsmöglichkeit nach entsprechender vorheriger Genehmigung durch den Führer die Evakuierung der Juden nach dem Osten getreten.
Diese Aktionen sind jedoch lediglich als Ausweichmöglichkeiten anzusprechen, doch werden hier bereits jene praktischen Erfahrungen gesammelt, die im Hinblick auf die kommende Endlösung der Judenfrage von wichtiger Bedeutung sind...
Unter entsprechender Leitung sollen im Zuge der Endlösung die Juden in geeigneter Weise im Osten zum Arbeitseinsatz kommen. In großen Arbeitskolonnen, unter Trennung der Geschlechter, werden die arbeitsfähigen Juden straßenbauend in diese Gebiete geführt, wobei zweifellos ein Großteil durch natürliche Verminderung ausfallen wird. Der allfällig endlich verbleibende Restbestand wird, da es sich bei diesen zweifellos um den widerstandsfähigsten Teil handelt, entsprechend behandelt werden müssen, da dieser, eine natürliche Auslese darstellend, bei Freilassung als Keimzelle eines neuen jüdischen Aufbaues anzusprechen ist. (Siehe die Erfahrung der Geschichte.)

Leon Poliakow und Josef Wulf, Das Dritte Reich und die Juden. Dokumente und Aufsätze, Berlin 1955, S. 119 ff.

Abb. 7: Konzentrationslager Auschwitz. Gleich beginnt die „Selektion“: Die Angekommenen werden von SS-Leuten gemustert und eingeteilt. Wer als arbeitsuntauglich nach links treten muß, kommt „ins Gas“.

Aufzeichnung von Rudolf Höß, dem Kommandanten von Auschwitz, im November 1946: „Die Endlösung der Judenfrage" im KZ Auschwitz: **94**

Im Sommer 1941, den genauen Zeitpunkt vermag ich z. Zt. nicht anzugeben, wurde ich plötzlich zum Reichsführer SS nach Berlin befohlen, und zwar direkt durch seine Adjutantur. Entgegen seiner sonstigen Gepflogenheit eröffnete er mir, ohne Beisein eines Adjutanten, dem Sinne nach folgendes: Der Führer hat die Endlösung der Judenfrage befohlen, wir – die SS – haben diesen Befehl durchzuführen. Die bestehenden Vernichtungsstellen im Osten sind nicht in der Lage, die beabsichtigten großen Aktionen durchzuführen. Ich habe daher Auschwitz dafür bestimmt, einmal wegen der günstigen verkehrstechnischen Lage und zweitens läßt sich das dort zu bestimmende Gebiet leicht absperren und tarnen. Ich hatte erst einen höheren SS-Führer für diese Aufgabe ausgesucht; um aber Kompetenzschwierigkeiten von vornherein zu begegnen, unterbleibt das, und Sie haben nun diese Aufgabe durchzuführen. Es ist eine harte und schwere Arbeit, die den Einsatz der ganzen Person erfordert, ohne Rücksicht auf etwa entstehende Schwierigkeiten. Nähere Einzelheiten erfahren Sie durch Sturmbannführer Eichmann vom RSHA, der in nächster Zeit zu Ihnen kommt. Die beteiligten Dienststellen werden von mir zu gegebener Zeit benachrichtigt. Sie haben über diesen Befehl strengstes Stillschweigen, selbst Ihren Vorgesetzten gegenüber, zu bewahren. Nach der Unterredung mit Eichmann schicken Sie mir sofort die Pläne der beabsichtigten Anlage zu. – Die Juden sind die ewigen Feinde des deutschen Volkes und müssen ausgerottet werden. Alle für uns erreichbaren Juden sind jetzt während des Krieges ohne Ausnahme zu vernichten. Gelingt es uns jetzt nicht, die biologischen Grundlagen des Judentums zu zerstören, so werden einst die Juden das deutsche Volk vernichten.

Nach Erhalt dieses schwerwiegenden Befehls fuhr ich sofort nach Auschwitz zurück, ohne mich bei meiner vorgesetzten Dienststelle in Oranienburg gemeldet zu haben. Kurze Zeit danach kam Eichmann zu mir nach Auschwitz. Er weihte mich in die Pläne der Aktionen in den einzelnen Ländern ein. Die Reihenfolge vermag ich nicht mehr genau anzugeben. Zuerst sollte für Auschwitz Ostoberschlesien und die daran angrenzenden Teile des General-Gouvernements in Frage kommen. Gleichzeitig, und dann je nach Lage fortgesetzt, die Juden aus Deutschland und der Tschechoslowakei. Anschließend der Westen: Frankreich, Belgien, Holland. Er nannte mir auch ungefähre Zahlen der zu erwartenden Transporte, die ich aber nicht mehr nennen kann. Wir besprachen weiter die Durchführung der Vernichtung. Es käme nur Gas in Frage, denn durch Erschießen die zu erwartenden Massen zu beseitigen, wäre schlechterdings unmöglich und auch eine zu große Belastung für die SS-Männer, die dies durchführen müßten im Hinblick auf die Frauen und Kinder.

Eichmann machte mich bekannt mit der Tötung durch die Motoren-Abgase in Lastwagen, wie sie bisher im Osten durchgeführt wurde. Dies käme aber für die zu erwartenden Massen-Transporte in Auschwitz nicht in

Frage. Die Tötung durch Kohlenoxyd-Gas, durch Brausen in einem Baderaum, wie die Vernichtung der Geisteskranken an einigen Stellen im Reich durchgeführt wurde, erfordere zuviel Baulichkeiten, auch wäre die Beschaffung des Gases für die großen Massen sehr problematisch. Wir kamen in dieser Frage zu keinem Entscheid. Eichmann wollte sich nach einem Gas, das leicht zu beschaffen wäre und keine besonderen Anlagen erfordere, erkundigen und mir dann berichten...

... Noch im Sommer 1942 wurden die Leichen in die Massengräber gebracht. Erst gegen Ende des Sommers fingen wir an mit der Verbrennung; zuerst auf einem Holzstoß mit ca. 2000 Leichen, nachher in den Gruben mit den wieder freigelegten Leichen aus der früheren Zeit. Die Leichen wurden zuerst mit Ölrückständen, später mit Methanol übergossen. In den Gruben wurde fortgesetzt verbrannt, also Tag und Nacht. Ende November 1942 waren sämtliche Massengräber geräumt...

... Schon bei den ersten Verbrennungen im Freien zeigte es sich, daß auf die Dauer dies nicht durchzuführen sei. Bei schlechtem Wetter oder starkem Wind trieb der Verbrennungsgeruch viele Kilometer weit und führte dazu, daß die ganze umwohnende Bevölkerung von den Juden-Verbrennungen sprach, trotz der Gegenpropaganda von seiten der Partei und den Verwaltungsdienststellen. Es waren zwar alle an der Vernichtungsaktion beteiligten SS-Angehörigen besonders streng verpflichtet, über die gesamten Vorgänge zu schweigen. Spätere SS-Gerichtsverhandlungen aber zeigten, daß von seitens der Beteiligten doch nicht geschwiegen wurde. Auch erhebliche Strafen konnten die Schwatzhaftigkeit nicht verhindern.

Weiterhin erhob die Luftabwehr Einspruch gegen die weithin in der Luft sichtbaren nächtlichen Feuer. Es mußte aber auch nachts weiter verbrannt werden, um die eintreffenden Transporte nicht abstoppen zu müssen. Das Fahrplanprogramm der einzelnen Aktionen, das in einer Fahrplankonferenz durch das Reichsverkehrsministerium genau festgelegt war, mußte unbedingt eingehalten werden, um eine Verstopfung und Verwirrung der betr. Bahnlinien zu vermeiden, insbesondere aus militärischen Gründen. Obige Gründe führten nun zu der mit allen Mitteln vorwärtsgetriebenen Planung und dem schließlichen Bau der beiden großen Krematorien, und 1943 zum Bau der zwei weiteren kleineren Anlagen. Eine später noch beabsichtigte, die im Bau befindlichen bei weitem übertreffende Anlage kam nicht mehr zur Durchführung, da im Herbst 1944 der RFSS die sofortige Einstellung der Juden-Vernichtung befahl[5]...

Höß, Kommandant in Auschwitz, S. 153 ff.

---

[5] Himmlers Befehl zur Einstellung der Judenvernichtung vom Herbst 1944, bisher nicht dokumentarisch nachweisbar, ist durch verschiedene Zeugenaussagen einwandfrei bestätigt.

Aufzeichnungen eines deutschen Unteroffiziers, 31. 8. 1942: **95**

Rawa-Ruska (Galizien), Deutsches Haus, 31. 8. 1942, 14 Uhr 30. Um 12 Uhr 10 sah ich einen Transportzug im Bahnhof einlaufen. Auf den Dächern und Trittbrettern saßen Wachmannschaften mit Gewehren. Man konnte von der Ferne sehen, daß die Wägen mit Menschen vollgepfropft waren. Ich kehrte um und ging den ganzen Zug entlang. Er bestand aus 35 Viehwägen und einem Personenwagen. In jedem der Wägen waren mindestens 60 Juden (bei Mannschafts- oder Gefangenentransporten werden in diesen Waggons 40 Mann verladen, hier waren jedoch die Bänke herausgenommen, und man konnte sehen, daß die Eingeschlossenen eng aneinandergedrängt standen). Die Türen waren teilweise einen Spalt geöffnet, die Fenster mit Stacheldraht vergittert. Unter den Eingeschlossenen waren nur wenige, meist alte Männer zu sehen, alles andere waren Frauen, Mädchen und Kinder. Viele Kinder drängten sich an den Fenstern und den schmalen Türöffnungen. Die jüngsten waren bestimmt nicht älter als zwei Jahre. Sobald der Zug hielt, versuchten die Juden Flaschen herauszugeben, um Wasser zu bekommen. Der Zug war jedoch von SS-Wachen umgeben, so daß niemand in die Nähe konnte. In diesem Augenblick lief ein Zug aus der Richtung von Jaroslau ein, die Reisenden strömten dem Ausgang zu, ohne sich weiter um den Transport zu kümmern. Ein paar Juden, die damit beschäftigt waren, einen Lastwagen der Wehrmacht zu beladen, winkten mit ihren Mützen zu den Eingeschlossenen. Ich sprach mit einem Polizisten, der am Bahnhof Dienst tat. Auf meine Frage, wo denn die Juden herkämen, antwortete er: „Das sind wahrscheinlich die letzten von Lemberg. Das geht jetzt schon seit drei Wochen ununterbrochen so. In Jaroslau haben sie nur acht übrig gelassen, kein Mensch weiß warum." Ich fragte: „Wie weit fahren die noch?" Er dann: „Nach Belcec." – „Und dann?" – „Gift." Ich fragte: „Gas?" Er zuckte mit den Achseln. Dann sagte er nur noch: „Am Anfang haben sie sie, wie ich glaube, immer erschossen."
Hier im Deutschen Haus sprach ich gerade mit zwei Soldaten vom Front-Stalag 325. Sie sagten, daß diese Transporte in der letzten Zeit täglich durchkamen, meistens nachts. Gestern soll einer mit 70 Waggons durchgefahren sein.

VfZG 7, 1959, S. 333 f.

Über die Gesamtzahl der ermordeten Juden liegt keine exakte verläßliche Quelle vor. Sicher ist jedoch, daß die Ziffer mindestens gut 4 Millionen und höchstens knapp 6 Millionen beträgt. Schätzungen gehen z. T. weit auseinander.

Reichsführer SS an SS-Obergruppenführer F. W. Krüger, Höherer SS- und Polizeiführer-Ost, 16. 2. 1943: **96**

Aus Sicherheitsgründen ordne ich an, daß das Ghetto Warschau nach der Herausverlegung des Konzentrationslagers abzureißen ist, wobei alle irgendwie verwertbaren Teile der Häuser und Materialien aller Art vorher zu verwerten sind.

Die Niederreißung des Ghettos und die Unterbringung des Konzentrationslagers ist notwendig, da wir Warschau sonst wohl niemals zur Ruhe bringen werden und das Verbrecherunwesen bei Verbleiben des Ghettos nicht ausgerottet werden kann.
Für die Niederlegung des Ghettos ist mir ein Gesamtplan vorzulegen. Auf jeden Fall muß erreicht werden, daß der für 500000 Untermenschen bisher vorhandene Wohnraum, der für Deutsche niemals geeignet ist, von der Bildfläche verschwindet und die Millionenstadt Warschau, die immer ein gefährlicher Herd der Zersetzung und des Aufstandes ist, verkleinert wird.

Reichsführer! ... Briefe an und von Himmler, hrsg. von H. Heiber, Stuttgart 1968, S. 190

97 **Himmler** äußerte sich in seiner Rede vor den Reichs- und Gauleitern in Posen am 6.10.1943 sehr offen über die **„Endlösung“:**

Ich darf hier ... und in diesem allerengsten Kreise auf eine Frage hinweisen, die Sie, meine Parteigenossen, alle als selbstverständlich hingenommen haben, die aber für mich die schwerste Frage meines Lebens geworden ist, die Judenfrage. Sie alle nehmen es als selbstverständlich und erfreulich hin, daß in Ihrem Gau keine Juden mehr sind. Alle deutschen Menschen – abgesehen von einzelnen Ausnahmen – sind sich auch darüber klar, daß wir den Bombenkrieg, die Belastungen des vierten und des vielleicht kommenden fünften und sechsten Kriegsjahres nicht ausgehalten hätten und nicht aushalten würden, wenn wir diese zersetzende Pest noch in unserem Volkskörper hätten. Der Satz „Die Juden müssen ausgerottet werden“ mit seinen wenigen Worten, meine Herren, ist leicht ausgesprochen. Für den, der durchführen muß, was er fordert, ist es das Allerhärteste und Schwerste, was es gibt. Sehen Sie, natürlich sind es Juden, es ist ganz klar, es sind nur Juden, bedenken Sie aber selbst, wie viele – auch Parteigenossen – ihr berühmtes Gesuch an mich oder irgendeine Stelle gerichtet haben, in dem es hieß, daß alle Juden selbstverständlich Schweine seien, daß bloß der Soundso ein anständiger Jude sei, dem man nichts tun dürfe. Ich wage zu behaupten, daß es nach der Anzahl der Gesuche und der Anzahl der Meinungen in Deutschland mehr anständige Juden gegeben hat als überhaupt nominell vorhanden waren. In Deutschland haben wir nämlich so viele Millionen Menschen, die ihren einen berühmten anständigen Juden haben, daß diese Zahl bereits größer ist als die Zahl der Juden. Ich will das bloß deshalb anführen, weil Sie aus dem Lebensbereich Ihres eigenen Gaues bei achtbaren und anständigen nationalsozialistischen Menschen feststellen können, daß auch von ihnen jeder einen anständigen Juden kennt.
Ich bitte Sie, das, was ich Ihnen in diesem Kreise sage, wirklich nur zu hören und nie darüber zu sprechen. Es trat an uns die Frage heran: Wie ist es mit den Frauen und Kindern? – Ich habe mich entschlossen, auch hier eine ganz klare Lösung zu finden. Ich hielt mich nämlich nicht für berechtigt, die Männer auszurotten – sprich also, umzubringen oder umbringen zu lassen – und die Rächer in Gestalt der Kinder für unsere Söhne und Enkel groß

werden zu lassen. Es mußte der schwere Entschluß gefaßt werden, dieses Volk von der Erde verschwinden zu lassen. Für die Organisation, die den Antrag durchführen mußte, war es der schwerste, den wir bisher hatten. Er ist durchgeführt worden, ohne daß - wie ich glaube sagen zu können - unsere Männer und unsere Führer einen Schaden an Geist und Seele erlitten hätten. Diese Gefahr lag sehr nahe. Der Weg zwischen den beiden hier bestehenden Möglichkeiten, entweder zu roh zu werden, herzlos zu werden und menschliches Leben nicht mehr zu achten oder weich zu werden und durchzudrehen bis zu Nervenzusammenbrüchen - der Weg zwischen dieser Scylla und Charybdis ist entsetzlich schmal.
Wir haben das ganze Vermögen, das wir bei den Juden beschlagnahmten - es ging in unendliche Werte -, bis zum letzten Pfennig an den Reichswirtschaftsminister abgeführt. Ich habe mich immer auf den Standpunkt gestellt: Wir haben die Verpflichtung unserem Volk, unserer Rasse gegenüber, wenn wir den Krieg gewinnen wollen - wir haben die Verpflichtung unserem Führer gegenüber, der nun in 2000 Jahren unserem Volk einmal geschenkt worden ist, hier nicht zu klein zu sein und hier konsequent zu sein. Wir haben aber nicht das Recht, auch nur einen Pfennig von dem beschlagnahmten Judenvermögen zu nehmen. Ich habe von vornherein festgesetzt, daß SS-Männer, auch wenn sie nur eine Mark davon nehmen, des Todes sind. Ich habe in den letzten Tagen deswegen einige, ich kann ruhig sagen, es sind etwa ein Dutzend - Todesurteile unterschrieben. Hier muß man hart sein, wenn nicht das Ganze darunter leiden soll. - Ich habe mich für verpflichtet gehalten, zu Ihnen als den obersten Willensträgern, als den obersten Würdenträgern der Partei, dieses politischen Ordens, dieses politischen Instruments des Führers, auch über diese Fragen einmal ganz offen zu sprechen und zu sagen, wie es gewesen ist. - Die Judenfrage in den von uns besetzten Ländern wird bis Ende dieses Jahres erledigt sein. Es werden nur Restbestände von einzelnen Juden übrig bleiben, die untergeschlüpft sind. Die Frage der mit nichtjüdischen Teilen verheirateten Juden und die Frage der Halbjuden werden sinngemäß und vernünftig untersucht, entschieden und dann gelöst...
Damit möchte ich die Judenfrage abschließen. Sie wissen nun Bescheid, und Sie behalten es für sich. Man wird vielleicht in ganz später Zeit sich einmal überlegen können, ob man dem deutschen Volk etwas mehr darüber sagt. Ich glaube, es ist besser, wir - wir insgesamt - haben das für unser Volk getragen, haben die Verantwortung auf uns genommen (die Verantwortung für eine Tat, nicht nur für eine Idee) und nehmen dann das Geheimnis mit in unser Grab.

Heinrich Himmler, Geheimreden, S. 169 ff.

Das politische Testament Hitlers, 29.4.1945: **98**

Seit ich 1914 als Freiwilliger meine bescheidene Kraft im ersten, dem Reich aufgezwungenen Weltkrieg einsetzte, sind nunmehr über dreißig Jahre vergangen. In diesen drei Jahrzehnten haben mich bei all meinem Denken,

Handeln und Leben nur die Liebe und Treue zu meinem Volk bewegt. Sie gaben mir die Kraft, schwerste Entschlüsse zu fassen, wie sie bisher noch keinem Sterblichen gestellt worden sind. Ich habe meine Zeit, meine Arbeitskraft und meine Gesundheit in diesen drei Jahrzehnten verbraucht. Es ist unwahr, daß ich oder irgend jemand anderer in Deutschland den Krieg im Jahr 1939 gewollt habe. Er wurde gewollt und angestiftet ausschließlich von jenen internationalen Staatsmännern, die entweder jüdischer Herkunft waren oder für jüdische Interessen arbeiteten. Ich habe zu viele Angebote zur Rüstungsbeschränkung und Rüstungsbegrenzung gemacht, die die Nachwelt nicht auf alle Ewigkeiten wegzuleugnen vermag, als daß die Verantwortung dieses Krieges auf mir lasten könnte. Ich habe weiter nie gewollt, daß nach dem ersten Weltkrieg ein zweiter gegen England oder gar gegen Amerika entsteht. Es werden Jahrhunderte vergehen, aber aus den Ruinen unserer Städte und Kunstdenkmäler wird sich der Haß gegen das letzten Ende verantwortliche Volk immer wieder erneuern, dem wir das alles zu verdanken haben: dem internationalen Judentum und seinen Helfern. Ich habe noch drei Tage vor Ausbruch des deutsch-polnischen Krieges dem britischen Botschafter in Berlin eine Lösung der deutsch-polnischen Probleme vorgeschlagen – ähnlich der im Falle des Saargebietes unter internationaler Kontrolle. Auch dieses Angebot kann nicht weggeleugnet werden. Es wurde nur verworfen, weil die maßgebenden Kreise der englischen Politik den Krieg wünschten. Teils der erhofften Geschäfte wegen, teils getrieben durch eine vom internationalen Judentum veranstaltete Propaganda. Ich habe aber auch keinen Zweifel darüber gelassen, daß, wenn die Völker Europas wieder nur als Aktienpakete dieser internationalen Geld- und Finanzverschwörer angesehen werden, dann auch jenes Volk mit zur Verantwortung gezogen werden wird, das der eigentliche Schuldige an diesem mörderischen Ringen ist: das Judentum!

Ich habe weiter keinen darüber im unklaren gelassen, daß diesmal nicht nur Millionen erwachsener Männer den Tod erleiden und nicht nur Hunderttausende an Frauen und Kindern in den Städten verbrannt und zu Tode bombadiert werden dürfen, ohne daß der eigentlich Schuldige, wenn auch durch humanere Mittel, seine Schuld zu büßen hat.

Nach einem sechsjährigen Kampf, der einst in die Geschichte trotz der Rückschläge als ruhmvollste und tapferste Bekundung des Lebenswillens eines Volkes eingehen wird, kann ich mich nicht von der Stadt trennen, die die Hauptstadt dieses Reiches ist. Da die Kräfte zu gering sind, um dem feindlichen Ansturm gerade an dieser Stelle noch standzuhalten, der eigene Widerstand aber durch ebenso verblendete wie charakterlose Subjekte allmählich entwertet wird, möchte ich mein Schicksal mit jenem teilen, das Millionen andere auch auf sich genommen haben, indem ich in dieser Stadt bleibe. Außerdem will ich nicht Feinden in die Hände fallen, die zur Belustigung ihrer verhetzten Massen ein neues, von Juden inszeniertes Schaubild benötigen. Ich hatte mich daher entschlossen, in Berlin zu bleiben und dort aus freien Stücken in dem Augenblick den Tod zu wählen, in dem ich glaube, daß der Sitz des Führers und Kanzlers selbst nicht mehr gehalten werden kann. Ich sterbe mit freudigem Herzen angesichts der mir bewußten unermeßlichen Taten und Leistungen unserer Soldaten an der Front, unserer Frauen zu Hause, den Leistungen unserer Bauern und Arbeiter und dem in der Geschichte einmaligen Einsatz unserer Jugend, die meinen Namen trägt. Daß ich ihnen allen meinen aus tiefstem Herzen kommenden Dank ausspreche, ist ebenso selbstverständlich, wie mein Wunsch, daß sie deshalb den Kampf unter keinen Umständen aufgeben mögen, sondern, ganz gleich wo immer, ihn gegen die Feinde des Vaterlandes weiterführen, getreu den Bekenntnissen eines großen Clausewitz. Aus dem Opfer unserer Soldaten und aus meiner eigenen Verbundenheit mit ihnen bis in den Tod wird in der deutschen Geschichte so oder so einmal wieder der Same aufgehen zur strahlenden Wiedergeburt der nationalsozialistischen Bewegung und damit Verwirklichung einer wahren Volksgemeinschaft. Viele tapferste Männer und Frauen haben sich entschlossen, ihr Leben bis zuletzt an das meine zu binden. Ich habe sie gebeten und ihnen endlich befohlen, dies nicht zu tun, sondern am weiteren Kampf der Nation teilzunehmen. Die Führer der Armeen, der Marine und der Luftwaffe bitte ich, mit äußersten Mitteln den Widerstandsgeist unserer Soldaten im nationalsozialistischen Sinne zu verstärken unter dem besonderen Hinweis darauf, daß auch ich selbst als der Gründer und Schöpfer dieser Bewegung den Tod dem feigen Absetzen oder gar einer Kapitulation vorgezogen habe. Möge es dereinst zum Ehrbegriff des deutschen Offiziers gehören – so wie dies in unserer Marine schon der Fall ist –, daß die Übergabe einer Landschaft oder einer Stadt unmöglich ist und daß vor allem die Führer hier mit leuchtendem Beispiel voranzugehen haben in treuester Pflichterfüllung bis in den Tod ...

Abschließend werden Göring und Himmler aus der Polizei und allen Ämtern ausgestoßen und wird eine Reichsregierung mit Dönitz als Reichspräsident und Goebbels als Reichskanzler ernannt. Hitler schließt:

... Von allen Deutschen, allen Nationalsozialisten, Männern und Frauen und allen Soldaten der Wehrmacht verlange ich, daß sie der neuen Regierung und ihrem Präsidenten treu und gehorsam sein werden bis in den Tod. Vor allem verpflichte ich die Führung der Nation und die Gefolgschaft zur peinlichen Einhaltung der Rassegesetze und zum unbarmherzigen Widerstand gegen den Weltvergifter aller Völker, dem internationalen Judentum. Gegeben zu Berlin, den 29. April 1945, 4 Uhr.

Adolf Hitler

Dokumente, hrsg. von J. Hohlfeld, Bd. 5, S. 530 ff.

IV. Der Kirchenkampf

99 **Die „Deutschen Christen".** Die Absicht des Reichsbischofs[6] (seit September 1933) Müller, eine evangelische Reichskirche im Sinne eines Kompromisses zwischen Nationalsozialismus und Christentum einheitlich zu führen, erwies sich als unmöglich. Bei den „Deutschen Christen" drängte eine radikale Richtung nach vorn; entsprechende Entschließung auf einer Kundgebung im Berliner Sportpalast, 13. 11. 1933.

Wir fordern, daß eine deutsche Volkskirche ernst macht mit der Verkündung der von aller orientalischen Einstellung gereinigten schlichten Frohbotschaft und einer heldischen Jesusgestalt als Grundlage eines artgemäßen Christentums, in dem an die Stelle der zerbrechenden Knechtsseele der stolze Mensch tritt, der sich als Gotteskind dem Göttlichen in sich und in seinem Volke verpflichtet fühlt.

Hans Buchheim, Glaubenskrise im Dritten Reich, Stuttgart 1953, S. 130

Die Partei lehnte jedoch auch eine solche „Volkskirche" ab.

Abb. 8: Reichstagung der Deutschen Christen, 1934 im Berliner Sportpalast.

[6] Neuer Titel infolge der Bildung einer evangelischen Reichskirche 1933.

Aus einem Artikel der nationalsozialistischen Pressebüros, 27.11.1933: **100**

Nationalsozialismus ist die Ansicht des ganzen Volkes; was daher den Anspruch erhebt, nationalsozialistisch zu sein, muß auch den Anspruch erheben können, Geltung für das ganze Volk zu besitzen. Es ist deshalb abwegig, wenn kirchliche Gruppen glauben, daß sie allein den Nationalsozialismus vertreten, oder wenn die Autorität dieses Begriffes bei der Austragung theologischer Streitigkeiten für sich in Anspruch nehmen...
Der Nationalsozialismus muß sich in Dingen, die rein Religiöses und Theologisches berühren, einer Stellungnahme enthalten und erklären, daß eine Verkoppelung rein theologischer Streitfragen mit dem Begriff des Nationalsozialismus grundsätzlich abzulehnen ist. Die nationalsozialistische Bewegung hat stets betont, daß sie keine religiöse Bewegung sein will, und der Führer hat es immer abgelehnt, ein religiöser Erneuerer sein zu wollen.

Buchheim, S. 134

Die „Bekennende Kirche". In der evangelischen Kirche stellte sich die Mehrheit der Pfarrer hinter den „Pfarrernotbund" (Niemöller). Daraus entstand die „Bekennende Kirche". Auf ihrer 2. Bekenntnissynode am 19./20.10.1934 in Berlin-Dahlem wurde folgende Botschaft erlassen: **101**

Mit Polizeigewalt hat die Reichskirchenregierung nach der Kurhessischen auch die Württembergische und die Bayrische Kirchenleitung beseitigt. Damit hat die schon längst in der Evangelischen Kirche bestehende und seit dem Sommer 1933 offenbar gewordene Zerrüttung einen Höhepunkt erreicht, angesichts dessen wir uns zu folgender Erklärung gezwungen sehen:
I 1. Der erste und grundlegende Artikel der Verfassung der Deutschen Evangelischen Kirche vom 11.7.1933 lautet:
„Die unantastbare Grundlage der Deutschen Evangelischen Kirche ist das Evangelium von Jesus Christus, wie es uns in der Heiligen Schrift bezeugt und in den Bekenntnissen der Reformation neu ans Licht getreten ist. Hierdurch werden die Vollmachten, deren die Kirche für ihre Sendung bedarf, bestimmt und begrenzt."
Dieser Artikel ist durch die Lehren, Gesetze und Maßnahmen der Reichskirchenregierung tatsächlich beseitigt. Damit ist die christliche Grundlage der Deutschen Evangelischen Kirche aufgehoben.
2. Die unter der Parole: „Ein Staat - ein Volk - eine Kirche" vom Reichsbischof erstrebte Nationalkirche bedeutet, daß das Evangelium für die Deutsche Evangelische Kirche außer Kraft gesetzt und die Botschaft der Kirche an die Mächte dieser Welt ausgeliefert wird.
3. Die angemaßte Alleinherrschaft des Reichsbischofs und seines Rechtswalters hat ein in der Evangelischen Kirche unmögliches Papsttum aufgerichtet.
4. Getrieben von dem Geist einer falschen, unbiblischen Offenbarung hat das Kirchenregiment den Gehorsam gegen Schrift und Bekenntnis als Disziplinwidrigkeit bestraft.

5. Die schriftwidrige Einführung des weltlichen Führerprinzips in die Kirche und die darauf begründete Forderung eines bedingungslosen Gehorsams hat die Amtsträger der Kirche an das Kirchenregiment statt an Christus gebunden.

6. Die Ausschaltung der Synoden hat die Gemeinden im Widerspruch zur biblischen und reformatorischen Lehre vom Priestertum aller Gläubigen mundtot gemacht und entrechtet.

II 1. Alle unsere von Schrift und Bekenntnis her erhobenen Proteste, Warnungen und Mahnungen sind umsonst geblieben. Im Gegenteil, die Reichsregierung hat unter Berufung auf den Führer und unter Heranziehung und Mitwirkung politischer Gewalten rücksichtslos ihr kirchenzerstörendes Werk fortgesetzt.

2. Durch die Vergewaltigung der süddeutschen Kirchen ist uns die letzte Möglichkeit einer an den bisherigen Zustand anknüpfenden Erneuerung der kirchlichen Ordnung genommen worden.

3. Damit tritt das kirchliche Notrecht ein, zu dessen Verkündigung wir heute gezwungen sind.

III 1. Wir stellen fest: Die Verfassung der Deutschen Evangelischen Kirche ist zerschlagen. Ihre rechtmäßigen Organe bestehen nicht mehr. Die Männer, die sich der Kirchenleitung im Reich und in den Ländern bemächtigten, haben sich durch ihr Handeln von der christlichen Kirche geschieden.

2. Auf Grund des kirchlichen Notrechts der an Schrift und Bekenntnis gebundenen Kirchen, Gemeinden und Träger des geistlichen Amtes schafft die Bekenntnissynode der Deutschen Evangelischen Kirche neue Organe der Leitung. Sie beruft zur Leitung und Vertretung der Deutschen Evangelischen Kirche als eines Bundes bekenntnisbestimmter Kirchen den Bruderrat der Deutschen Evangelischen Kirche und aus seiner Mitte den Rat der Deutschen Evangelischen Kirche zur Führung der Geschäfte. Beide Organe sind den Bekenntnissen entsprechend zusammengesetzt und gegliedert.

3. Wir fordern die christlichen Gemeinden, ihre Pfarrer und Ältesten auf, von der bisherigen Reichskirchenregierung und ihren Behörden keine Weisungen entgegenzunehmen und sich von der Zusammenarbeit mit denen zurückzuziehen, die diesem Kirchenregiment weiterhin gehorsam sein wollen. Wir fordern sie auf, sich an die Anordnungen der Bekenntnissynode der Deutschen Evangelischen Kirche und der von ihr anerkannten Organe zu halten.

IV Wir übergeben diese unsere Erklärung der Reichsregierung, bitten sie, von der damit vollzogenen Entscheidung Kenntnis zu nehmen, und fordern von ihr die Anerkennung, daß in Sachen der Kirche, ihrer Lehre und Ordnung die Kirche unbeschadet des staatlichen Aufsichtsrechtes allein zu urteilen und zu entscheiden berufen ist.

J. Beckmann (Hrsg.), Kirchliches Jahrbuch für die Evangelische Kirche in Deutschland 1933 bis 1944, Gütersloh 1948, S. 76 f.

Aus der Regierungserklärung Hitlers vom 23.3.1933: **102**

... Die nationale Regierung sieht in den beiden christlichen Konfessionen wichtigste Faktoren der Erhaltung unseres Volkstums. Sie wird die zwischen ihnen und den Ländern abgeschlossenen Verträge respektieren; ihre Rechte sollen nicht angetastet werden. Sie erwartet aber und hofft, daß die Arbeit an der nationalen und sittlichen Erhebung, die sich die Regierung zur Aufgabe gestellt hat, umgekehrt die gleiche Würdigung erfährt. Sie wird allen anderen Konfessionen in objektiver Gerechtigkeit gegenübertreten. Sie kann aber niemals dulden, daß die Zugehörigkeit zu einer bestimmten Konfession oder einer bestimmten Rasse eine Entbindung von allgemeingesetzlichen Verpflichtungen sein könnte oder gar ein Freibrief für straflose Begehung oder Tolerierung von Verbrechen. Die nationale Regierung wird in Schule und Erziehung den christlichen Konfessionen den ihnen zukommenden Einfluß einräumen und sicherstellen. Ihre Sorge gilt dem aufrichtigen Zusammenleben zwischen Kirche und Staat. Der Kampf gegen eine materialistische Weltauffassung und für die Herstellung einer wirklichen Volksgemeinschaft dient ebensosehr den Interessen der deutschen Nation wie denen unseres christlichen Glaubens.

Die nationalsozialistische Revolution 1933, Bd. 1, Berlin 1933, S. 29

Der Satz: „Die nationale Regierung wird in Schule und Erziehung den christlichen Konfessionen den ihnen zukommenden Einfluß einräumen und sicherstellen", ist in der Wiedergabe der Regierungserklärung in zahlreichen nationalsozialistischen Publikationen, auch im *„Völkischen Beobachter"*, weggelassen.

Der Osservatore Romano (Nr. 79 v. 3./4. April; ähnlich die Reichspost, Nr. 89 v. 29. März) interpretierte die Erklärung Hitlers folgendermaßen als weltanschauliche Wendung des Nationalsozialismus: **103**

Art. 24 des Parteiprogramms lautet: „Wir fordern die Freiheit aller religiösen Bekenntnisse vom Staat, soweit sie nicht dessen Bestand gefährden oder gegen das Sittlichkeits- und Moralgefühl der germanischen Rasse verstoßen." Durch diesen Programmsatz scheinen die Lehren der Kirche dem Sittlichkeits- und Moralgefühl der germanischen Rasse unterworfen.
Die Regierungserklärung Hitlers mache nun einen Unterschied zwischen den christlichen und allen anderen Konfessionen; „und nur für diese anderen Konfessionen läßt sie die Möglichkeit eines Konfliktes (zwischen der Moral der Bekenntnisse und der germanischen Rasse) offen, wenn diese anderen Bekenntnisse sich nicht mit dem Geiste der nationalen Disziplin erfüllen" ...

Ecclesiastica 13, 1933, S. 453

Kundgebung der Fuldaer Bischofskonferenz, 28.3.1933: **104**

Die Oberhirten der Diözesen Deutschlands haben aus triftigen Gründen in ihrer pflichtmäßigen Sorge der Reinerhaltung des katholischen Glaubens und für den Schutz der unantastbaren Aufgaben und Rechte der katholischen Kirche in den letzten Jahren gegenüber der nationalsozialistischen Bewegung eine ablehnende Haltung durch Verbote und Warnungen eingenommen, die solange und die soweit in Geltung bleiben sollten, wie diese Gründe fortbestehen. Es ist nunmehr anzuerkennen, daß von dem höchsten Vertreter der Reichsregierung, der zugleich autoritärer Führer jener Bewegung ist, öffentlich und feierlich Erklärungen gegeben wurden, durch die der Unverletzlichkeit der katholischen Glaubenslehre und den unveränderlichen Aufgaben und Rechten der Kirche Rechnung getragen wird, sowie die vollinhaltliche Geltung der von den einzelnen deutschen Ländern mit der Kirche abgeschlossenen Staatsverträge durch die Reichsregierung ausdrücklich zugesichert wird. Ohne die in unseren früheren Maßnahmen liegende Verurteilung bestimmter religiös-sittlicher Irrtümer aufzuheben, glaubt daher der Episkopat das Vertrauen hegen zu können, daß die vorgezeichneten allgemeinen Verbote und Warnungen nicht mehr als notwendig betrachtet zu werden brauchen.

Für die katholischen Christen, denen die Stimme ihrer Kirche heilig ist, bedarf es auch im gegenwärtigen Zeitpunkt keiner besonderen Mahnung zur Treue gegenüber der rechtmäßigen Obrigkeit und zur gewissenhaften Erfüllung der staatsbürgerlichen Pflichten unter grundsätzlicher Ablehnung allen rechtswidrigen und umstürzlerischen Verhaltens.

In Geltung bleibt die so oft in feierlicher Kundgebung an alle Katholiken ergangene Mahnung, stets wachsam und opferfreudig einzutreten für Frieden und soziale Wohlfahrt des Volkes, für den Schutz der christlichen Religion und Sitte, für Freiheit und Rechte der katholischen Kirche und Schutz der konfessionellen Schule und katholischen Jugendorganisation.

In Geltung bleibt ferner die Mahnung an die politischen Organisationen und Vereine, im Gotteshaus und bei kirchlichen Funktionen aus Ehrfurcht vor der Heiligkeit derselben zu vermeiden, was als politische oder parteimäßige Demonstration erscheinen und daher Anstoß erregen kann.

In Geltung bleibt endlich die so oft und eindringlich ergangene Aufforderung für Ausbreitung und Wirksamkeit der katholischen Vereine, deren Arbeit so überaus segensreich ist, für Kirche, Volk und Vaterland, für christliche Kultur und sozialen Frieden stets mit weitblickender Umsicht und mit treuer, opferwilliger Einigkeit einzutreten.[7]

Ecclesiastica 13, 1933, S. 453

---

[7] Die Beurteilung durch die deutsche katholische Presse unterstrich übereinstimmend den wesentlichen Zusammenhang zwischen Hitlers Regierungserklärung und der Kundgebung der Fuldaer Konferenz. Die Kölnische Volkszeitung (Nr. 87 v. 31. März) betonte, daß es sich nicht um einen „Widerruf früherer Feststellungen" handle, da die Verurteilungen nur solange und insoweit in Kraft bestanden, als die Gründe dafür da waren. Die Erklärung des Reichskanzlers, nicht die Haltung der Bischöfe bedeute eine Wandlung. „Keine, wie immer gearteten politischen Überlegungen haben den Episkopat bestimmt, sondern für die Bischöfe war ... eine veränderte Situation geschaffen, aus der sie die Folgerungen zogen. Das geht auch daraus hervor, daß ausdrücklich die Verurteilung

Aus dem Konkordat zwischen dem Heiligen Stuhl und dem Deutschen Reich, 20. 7. 1933: 105

Artikel 1.
Das Deutsche Reich gewährleistet die Freiheit des Bekenntnisses und der öffentlichen Ausübung der katholischen Religion.
Es anerkennt das Recht der katholischen Kirche, innerhalb der Grenzen des für alle geltenden Gesetzes, ihre Angelegenheiten selbständig zu ordnen und zu verwalten und im Rahmen ihrer Zuständigkeit für ihre Mitglieder bindende Gesetze und Anordnungen zu erlassen...

Reichsgesetzblatt 1933, II, S. 679

Weltrundschreiben Pius XI. über die Lage der Kirche in Deutschland vom Passionssonntag, den 14. 3. 1937: 106

Ehrwürdige Brüder!
Gruß und Apostolischen Segen!
Mit brennender Sorge und steigendem Befremden beobachten Wir seit geraumer Zeit den Leidensweg der Kirche, die wachsende Bedrängnis der ihr in Gesinnung und Tat treubleibenden Bekenner und Bekennerinnen inmitten des Landes und des Volkes, dem St. Bonifatius einst die Licht- und Frohbotschaft von Christus und dem Reiche Gottes gebracht hat...
Als Wir, Ehrwürdige Brüder, im Sommer 1933 die Uns von der Reichsregierung in Anknüpfung an einen jahrealten früheren Entwurf angetragenen Konkordatsverhandlungen aufnehmen und zu Euer aller Befriedigung mit einer feierlichen Vereinbarung abschließen ließen, leitete Uns die pflichtgemäße Sorge um die Freiheit der kirchlichen Heilsmission in Deutschland und um das Heil der ihr anvertrauten Seelen - zugleich aber auch der aufrichtige Wunsch, der friedlichen Weiterentwicklung und Wohlfahrt des deutschen Volkes einen ganz wesentlichen Dienst zu leisten.
Trotz mancher Bedenken haben Wir Uns damals den Entschluß abgerungen, Unsere Zustimmung nicht zu versagen. Wir wollten unseren treuen Söhnen und Töchtern in Deutschland im Rahmen des Menschenmöglichen die Spannungen und Leiden ersparen, die andernfalls unter den damaligen Verhältnissen mit Gewißheit zu erwarten gewesen wären. Wir wollten allen durch die Tat beweisen, daß Wir, einzig Christus suchend und das was Christi ist, niemanden die Friedenshand der Mutterkirche verweigern, der sie nicht selbst zurückstößt.
Wenn der von Uns in lauterer Absicht in die deutsche Erde gesenkte Friedensbaum nicht die Früchte gezeitigt hat, die Wir im Interesse Eures Volkes

---

'bestimmter religiös-sittlicher Irrtümer' nicht aufgehoben worden ist. Ebenso wird auch kein aufmerksamer Leser der bischöflichen Kundgebung das Wörtchen 'allgemein' übersehen, das die nicht mehr als notwendig erachteten Verbote und Warnungen näher charakterisiert." Die Germania (Nr. 88 v. 29. März) stellte fest, daß es nicht an den Bischöfen lag, wenn die autoritative Abklärung nicht schon früher erfolgte. Die Augsburger Postzeitung bezeichnete den Erlaß als einen „wichtigen Meilenstein auf dem Wege des deutschen Katholizismus", wodurch „einem Kampfe die Spitze abgebrochen wurde, der sehr viel Erbitterung und Entfremdung bis in unsere eigenen Reihen hineintrug".

ersehnten, dann wird niemand in der weiten Welt, der Augen hat, zu sehen, und Ohren, zu hören, heute noch sagen können, die Schuld liege auf Seiten der Kirche und ihres Oberhauptes...

... Wer die Rasse oder das Volk oder den Staat oder die Staatsform, die Träger der Staatsgewalt oder andere Grundwerte menschlicher Gemeinschaftsgestaltung – die innerhalb der irdischen Ordnung einen wesentlichen und ehrengebietenden Platz behaupten – aus dieser ihrer irdischen Wertskala herauslöst, sie zur höchsten Norm aller, auch der religösen Werte macht und sie mit Götzenkult verherrlicht, der verkehrt und fälscht die gottgeschaffene und gottbefohlene Ordnung der Dinge. Ein solcher ist weit vom wahren Gottesglauben und einer solchem Glauben entsprechenden Lebensauffassung entfernt...

... Demut im Geiste des Evangeliums und Gebet um Gottes Gnadenhilfe sind mit Selbstachtung, Selbstvertrauen und heldischem Sinn wohl vereinbar. Die Kirche Christi, die zu allen Zeiten bis in die jüngste Gegenwart hinein mehr Bekenner und freiwillige Blutzeugen zählt, als irgendwelche andere Gesinnungsgemeinschaft, hat nicht nötig, von solcher Seite Belehrungen über Heldengesinnung und Heldenleistung entgegenzunehmen. In seinem seichten Gerede über christliche Demut als Selbstentwürdigung und unheldische Haltung spottet der widerliche Hochmut dieser Neuerer seiner selbst...

... Der gläubige Mensch hat ein unverlierbares Recht, seinen Glauben zu bekennen und in den ihm gemäßen Formen zu betätigen. Gesetze, die das Bekenntnis und die Betätigung dieses Glaubens unterdrücken oder erschweren, stehen im Widerspruch zum Naturgesetz. Gewissenhafte, ihrer erzieherischen Pflichten bewußte Eltern haben ein erstes und ursprüngliches Recht, die Erziehung der ihnen von Gott geschenkten Kinder im Geiste des wahren Glaubens und in Übereinstimmung mit seinen Grundsätzen und Vorschriften zu bestimmten. Gesetze oder andere Maßnahmen, die diesen naturrechtlich gegebenen Elternwillen in Schulfragen ausschalten oder durch Drohung und Zwang unwirksam machen, stehen im Widerspruch zum Naturrecht und sind im tiefsten und letzten Kern unsittlich...

... Als Stellvertreter Dessen, Der im Evangelium zu einem Jungmann gesprochen hat: „Willst du zum Leben eingehen, so halte die Gebote“[8], richten Wir ein besonderes väterliches Wort an die Jugend. Von tausend Zungen wird heute vor Euren Ohren ein Evangelium verkündet, das nicht vom Vater im Himmel geoffenbart ist. Tausend Federn schreiben im Dienst eines Scheinchristentums, das nicht das Christentum Christi ist. Druckerpresse und Radio überschütten Euch Tag für Tag mit Erzeugnissen glaubens- und kirchenfeindlichen Inhalts und greifen rücksichtslos und ehrfurchtslos an, was Euch hehr und heilig sein muß...

Gerechtigkeit schafft Frieden. Reden und Enzykliken des Heiligen Vaters Papst Pius XI., Hamburg 1946, S. 352 ff.

[8] Matth. 19, 17.

Die Gestapo in München gegen dies päpstliche Rundschreiben, 27.3.1937: **107**

Papst Pius XI. hat an die Erzbischöfe Deutschlands ein Rundschreiben über die Lage der katholischen Kirche im Deutschen Reiche erlassen, das bereits am 21. März 1937 von den Kanzeln der Kirche verlesen wurde und in der Zwischenzeit auch im Druck erschienen ist.
Da das Rundschreiben hochverräterische Angriffe gegen den nationalsozialistischen Staat enthält, wird Folgendes angeordnet:
1. Sämtliche außerhalb der Kirchen und Pfarrhöfe greifbaren Exemplare des Rundschreibens sind zu beschlagnahmen. Auch die im Besitze von Privatpersonen vorgefundenen Einzelstücke sind einzuziehen.
2. Sämtliche Personen, die sich mit der Verteilung der Schriften außerhalb der Kirchen und Pfarrhäuser befassen, sind, soweit es sich nicht um Geistliche handelt, sofort festzunehmen und umgehend dem Gesicht zur strafrechtlichen Aburteilung zu überstellen. Ihre Entfernung aus der Partei, ihren Gliederungen und angeschlossenen Verbänden, wie DAF, ferner Handwerkskammer und dergleichen, ist sofort zu veranlassen.
3. Kirchenblätter und kirchliche Amtsblätter, die das Rundschreiben abgedruckt haben, sind zu beschlagnahmen und auf die Dauer von 3 Monaten zu verbieten.
4. Druckereien und Verlage, in denen das Rundschreiben hergestellt bzw. verlegt wurde, sind sofort zu schließen. Die verantwortlichen Personen (Verleger, Drucker, Schriftleiter) sind unverzüglich hierdurch zu melden, damit von hier aus weitere Maßnahmen gegen sie ergriffen werden können...

Johann Neuhäusler, Kreuz und Hakenkreuz, I., München, 2. Aufl. 1946, S. 230 f.

Aus dem Hirtenbrief der Fuldaer Bischofskonferenz, 19.8.1938: **108**

... Gerade das ist es, was man in der Gegenwart mancherorts mit allem Nachdruck und immer ungehemmter erstrebt: Die völlige Zerstörung des katholischen Glaubens in Deutschland. Man werfe nicht ein, das sei eine unbegründete Furcht oder gar ein verleumderischer Vorwurf aus volkswidriger Gesinnung. Maßgebende Persönlichkeiten haben es ja selber in breitester Öffentlichkeit verkündet, im Untergang des deutschen Katholizismus liege ihr weltanschauliches Ziel...
Daß aber nicht nur gegen die Kirche, sondern gegen das Christentum als solches der Kampf geht, haben wiederum eindeutige Kundgebungen bewiesen. Schon die Ablehnung des Alten Testaments liegt in dieser Linie. Dazu hat man das Christentum als greisenhaft verkalktes Überbleibsel einer überwundenen Zeitperiode und als völlig wertlos und ohnmächtig in der Gegenwart bezeichnet.
Abgesehen davon, wurde von Rasse und Blut her behauptet, die Persönlichkeit und das Leben Jesu Christi widersprächen der Artung des deutschen Menschen, wie auch die Hauptlehren des von ihm verkündeten

Glaubens, insonderheit das Dogma von der Erbsünde und der Erlösung, vom Lohn und der Strafe nach dem Tode, vorderasiatischer Aberglaube seien, den man den germanischen Stämmen aufgezwungen habe, indem man sie hinterrücks überfiel.
Auch die sittlichen christlichen Grundsätze und Vorschriften werden als rückständig und kraftlos verfemt...
... Demgegenüber legen wir allen denkfähigen und wahrheitsliebenden Volksgenossen nachfolgende Fragen zur Beantwortung vor: Ob man sich nicht selber Lügen straft, wenn man einerseits behauptet, das Christentum sei im deutschen Boden überhaupt nicht mehr verwurzelt, sondern vom Strom der Zeit unterwaschen, vom Blitz des deutschen Geistes zersplittert und verfault bis ins tiefste Mark, und doch andererseits ein ungeheures Aufgebot zusammentrommelt, um diese morsche Zeder des Libanon zu fällen?
Ob es nicht weiter zum Nachdenken zwingen muß, daß Millionen und Millionen deutscher Menschen, darunter überragende Denker und Deuter, fast fünfzehn Jahrhunderte hindurch das Christentum und seinen göttlichen Stifter keineswegs als artfremd, sondern vielmehr als artgemäß und als die letzte, beglückende Erfüllung ihrer tiefsten religiösen Sehnsucht nach Wahrheit und Erlösung empfanden?
Ob es nicht als unerschütterliche Tatsache gilt, daß Christemtum und Germanentum die deutsche Hochkultur des Mittelalters in geistiger Gemeinschaft schufen?
Ob es nicht offenkundig ist, daß auch die derzeitige deutsche Kultur bis in die äußerste Verzweigung hinein nicht allein aus rassischen, sondern vor allem aus christlichen Wurzeln herauswuchs?...

109 **Der Kampf gegen die kirchlichen Orden,** der jahrelang mit vielen Mitteln (u.a. propagandistisch aufgebauschte Devisen- und Sittlichkeitsprozesse) geführt worden war, erreichte von 1940 ab seine Zuspitzung durch die Wegnahme von Klosterräumen, Aufhebungen von Klöstern und Ausweisungen von Ordensbrüdern und -schwestern in großem Umfang. Als Beispiel für viele ähnliche Fälle ein Bericht über die Beschlagnahme des Dominikanerkonvents in Retz, Niederösterrreich:

Donnerstag, den 12. September 1940, nachmittags, erschien unter Anführung des Herrn Kreisleiters S. aus Hollabrunn eine Kommission aus 5 Personen (darunter der Bürgermeister... und der Ortsgruppenführer der NSDAP...) und verlangte die Besichtigung der freien Räumlichkeiten des Klostergebäudes. Nach eingehender Besichtigung des ganzen Klosters verabschiedeten sich die Herrn, ohne einen Grund dieser Besichtigung angegeben zu haben. Freitag vormittag... kam Herr Gendarmerie-Inspektor T. ins Kloster mit dem Bescheid, es sei vom Landrat Hollabrunn der Befehl gekommen, das ganze Kloster müsse bis abends 6 Uhr des gleichen Tages geräumt sein; um diese Zeit würden die Schlüssel übernommen; die Insassen mögen schauen, wo sie unterkommen könnten; die Privatsachen könnten sie mitnehmen.

Es folgt die Beschreibung der roh durchgeführten Aktion.

Neuhäusler, Kreuz und Hakenkreuz, S. 155

Zur Kirchenpolitik im Warthegau. Gauleiter Greiser in einem Brief an die Reichskanzlei vom 6.5.1941 unter Bezug auf eine Beschwerde des Posener Superintendenten P. Blau: **110**

Was die Reste der kirchlichen Gebilde anlangt, so hat überhaupt nach nationalsozialistischen Rechtsbegriffen die Kirche aufgehört, eine öffentliche rechtliche Säule der deutschen Gemeinschaft zu sein. Daß sie im Altreich noch, äußerlich betrachtet, diese Rechtsform besitzt, bedeutet nicht eine neue Anerkenung dieser Rechtsform durch den Nationalsozialismus. Es sind vielmehr eben diese Dinge noch nicht zur Neuordnung gelangt. In einem Gebiet aber, in dem kraft der geschichtlichen Neuordnung die Altrechtsform für die Kirche verschwunden ist, wird man nicht den tatsächlichen Resten der Kirche eine Form geben, wie sie auf Grund unserer Rechtsbegriffe allenfalls in den Formen gestatten, die die nationalsozialistische Gemeinschaft und Staatsordnung für solche Gebilde für zulässig hält.

Martin Broszat, Nationalsozialistische Polenpolitik, Stuttgart 1961, S. 169

Aus einer in bischöflichen Ämtern vorbereiteten Aufzeichnung (Stand vom Oktober 1941) über die Diözese Posen: **111**

Von 681 Geistlichen (1939) haben 22 keine Seelsorgeerlaubnis, 120 im Generalgouvernement, 74 erschossen oder im KZ gestorben, 24 außerhalb der Reichsgrenzen, 12 vermißt, 431 in Gefängnissen oder Konzentrationslagern. Von ehem. 431 öffentlichen Kirchen und 74 Kapellen noch 30 Kirchen und 1 Kapelle geöffnet.

Ebenda, S. 174

Nationalsozialismus und Christentum. Aus einem streng vertraulichen Rundschreiben Martin Bormanns (1942): **112**

Nationalsozialistische und christliche Auffassungen sind unvereinbar. Die christlichen Kirchen bauen auf der Unwissenheit der Menschen auf und sind bemüht, die Unwissenheit möglichst weiter Teile der Bevölkerung zu erhalten, denn nur so können die christlichen Kirchen ihre Macht bewahren. Demgegenüber beruht der Nationalsozialismus auf wissenschaftlichen Fundamenten. Das Christentum hat unveränderliche Grundsätze, die vor fast zweitausend Jahren gesetzt und immer mehr zu wirklichkeitsfremden Dogmen erstarrt sind. Der Nationalsozialismus dagegen muß, wenn er seine Aufgabe auch weiterhin erfüllen soll, stets nach den neuesten Erkenntnissen der wissenschaftlichen Forschungen ausgerichtet werden...

... Nur die Reichsführung und in ihrem Auftrage die Partei, ihre Gliederungen und angeschlossenen Verbände haben ein Recht zur Volksführung. Ebenso wie die schädlichen Einflüsse der Astrologen, Wahrsager und sonstigen Schwindler ausgeschaltet und durch den Staat unterdrückt werden, muß auch die Einflußmöglichkeit der Kirche restlos beseitigt werden. Erst wenn dies geschehen ist, hat die Staatsführung den vollen Einfluß auf die einzelnen Volksgenossen. Erst dann sind Volk und Reich für alle Zukunft in ihrem Bestande gesichert.

J. Beckmann (Hrsg.), Kirchliches Jb. f. d. Ev. Kirche in Deutschland ..., S. 470 ff.

V. Der Nationalsozialismus und das deutsche Volk

Über die Wählerschaft der NSDAP, 1932/33. Die Wähler der NSDAP (Nov. 1932 33%, März 1933 44%) waren weit überwiegend durch die Not der Wirtschaftskrise zusammengelaufen. Sie waren ideologisch und sozial sehr uneinheitlich. Hierzu schrieb Theodor Geiger 1932: **113**

... Innerhalb der vom Nationalsozialismus vorwiegend erfaßten Bevölkerungsmassen herrschte niemals eine einheitliche nationale und Staatsmentalität.
Es ist bisher nur die Werbekraft, nicht aber die praktische Binde- und Widerstandskraft der nationalistischen Ideologie der NSDAP erprobt...
... Der Nationalsozialismus hat sich bei seinem Einzug in die Arena der großen Politik als allgemeine Volksbewegung bezeichnet, die alle Kreise des Volkes, insbesondere auch die Arbeiterkreise erfassen wollte. Seitdem sind Jahre vergangen, ohne daß es der Bewegung gelungen wäre, die Reihen der Sozialdemokratie bemerkenswert zu lichten...
... Die Überläufer aus dem kommunistischen Lager machen zum Teil gewiß nur Politik „um die Ecke", d.h. sie wählen nationalsozialistisch, um die Bolschewisierungsreife zu beschleunigen; ein anderer Teil scheint wirklich eine Gesinnungsschwenkung vollzogen zu haben. Damit ist nur von neuem die Frage gestellt: wie wird sich der junge Arbeiternachwuchs verhalten? Es handelt sich nicht nur darum, daß die SPD infolge der Vergreisung ihres Apparates und der taktischen Subtilität, zu der sie in ihrer seit Jahren recht unklaren parlamentarischen Lage gezwungen war, keine überwältigende Werbekraft auf die junge Generation ausüben kann. Die „Jungarbeiter", die ins nationalsozialistische Lager direkt oder auf dem Umweg über die KPD einrücken, sind – man sieht es, wo nationalsozialistische Massen sich auf der Straße zeigen – zum überwiegenden Teil Dauererwerbslose...
... Die feste organisatorische Mauer der Gewerkschaften ist bisher umsonst berannt; die sozialstandort-bewußte Haltung des arbeitenden Arbeiters ist steiniger Boden für die nationalsozialistische Saat. Nicht von Betriebszellen, sondern von Erwerbslosenzellen können Erfolge erwartet werden.
Manche Anzeichen deuten darauf hin, daß die NSDAP die Annahme fallen gelassen hat, die deutschen Gewerkschaften könnten nach italienischem Vorbild von innen her erobert werden; es scheint vielmehr, als stelle man sich darauf ein, sie im Falle der Machtübernahme zu zerschlagen und die eignen Berufsvereinigungen mit einem neuen Apparat an ihre Stelle zu setzen.
Ungefähr seit den Reichstagswahlen von 1930 lassen Verlautbarungen und Verhalten der Parteiorgane darauf schließen, daß wenigstens fürs erste – trotz des Namen Arbeiter-Partei – die Kraft der Werbung konzentrisch auf die Mittelstände vereinigt wird. Breite Teile des Kleinbürgertums haben die

Sache des Nationalsozialismus zu der ihren gemacht, die Partei selbst nimmt heute vor allem sie für sich in Anspruch...

Theodor Geiger, Die soziale Schichtung des deutschen Volkes, Stuttgart 1967, S. 113, 110 f.

114 Zur Wahl vom 5. März 1933:

Die Basler Nachrichten (Nr. 98 v. 8./9. April) behandelten in einer Korrespondenz aus Deutschland das konfessionelle Moment der Wahl vom 5. März 1933. Die Zusammensetzung der 39 Millionen Wähler wird wie folgt geschätzt: ½ Million Juden, 1 Million Konfessionslose, 12½ Millionen Katholiken, 25 Millionen Protestanten. Das Blatt glaubt, daß auch bei dieser Wahl, wie früher, die Nationalsozialisten die Hauptmasse ihrer Wähler aus dem protestantischen Volksteil gewannen. „Aus den weit überwiegend oder fast ganz ungemischt protestantischen Wahlkreisen wurden 9,3 Millionen Stimmen für Hitler abgegeben, aus den fast ungemischt oder überwiegend katholischen Wahlkreisen dagegen nur 2,3 Millionen. Immerhin ist es den Nationalsozialisten diesmal gelungen, auch aus diesen Wahlkreisen erheblich mehr katholische Wähler zu gewinnen als früher. Auch in fast ausschließlich katholischen Gebieten des Westens, dazu in den süddeutschen Ländern verzeichnete Hitler eine starke Zunahme, und zwar in Süddeutschland fast noch mehr als in Preußen. Namentlich Bayern wies überraschend starke Einbrüche in bisher unbestritten katholischen Domänen auf. Dort sind die nationalsozialistischen Wähler um fast 1 Million gestiegen, während die Bayrische Volkspartei sich nur ungefähr behaupten konnte und nicht viel mehr als die Hälfte der nationalsozialistischen Stimmen erhielt. Nimmt man die konfessionell stärker gemischten Wahlkreise hinzu, so dürften von der Gesamtziffer von 17 Millionen nationalsozialistischer Wähler zirka 13 Millionen von Protestanten und zirka 4 Millionen von Katholiken stammen." Das Verhältnis zwischen katholischer Wählerschaft und Zentrum wird dahin geschätzt, daß von den 12½ Millionen katholischer Wähler nur 5½ Millionen für das Zentrum stimmten.

Ecclesiastica 13, 1933, S. 437 f.

115 Parteistimmen über die Ergebnisse der Betriebsratswahlen, 1935. Als Ergebnis der ersten Betriebsratswahlen im NS-Deutschland vom 12./13. 4. 1935 gab der Führer der DAF, Ley, bekannt, daß „weit über 80% der Industriearbeiterschaft Deutschlands" im Sinne der NSDAP gestimmt hätten. Hierzu ein Eilbrief Martin Bormanns, damals Stabsleiter beim Stellvertreter des Führers, an Wiedemann, den Adjutanten Hitlers, vom 27. 4. 1935:

Lieber Pg. Wiedemann!

Wie ich Ihnen bereits sagte, sind wir bei der Beurteilung des Ergebnisses der Vertrauensratswahlen bislang der Meinung gewesen, daß die abgegebenen Jastimmen 82% der überhaupt abgegebenen Stimmen seien. Nach dem Artikel des Pg. Dr. Ley „Der 1. Mai" mußte dieses ebenfalls angenommen werden; und unsere bisherige Auffassung teilt, wie wir bei dem Vortrag

vom 18.4. beim Führer feststellten, der Führer selbst. Aus dem vorläufigen Bericht des Beauftragten, Pg. Seidel, geht hervor, wie irrig diese Anschauung ist. Die teilweise Abschrift eines andern Berichts des Pg. Oexle zeigt dies ebenfalls.
Zweifellos wird der Führer bei seiner Rede am 1.5. auf das Ergebnis der Abstimmung zur Vertrauensratswahl eingehen, und es ist daher nach Auffassung des Stellvertreters des Führers dringend notwendig, daß der Führer über die richtige Sachlage unterrichtet wird, damit er nicht Ausführungen macht und Schlüsse aus dem Prozentsatz der Abstimmung zieht, die nicht zutreffend sind. Herr Heß hat angeordnet, daß wir auf Grund der Schreiben von Seidel und Oexle die Angelegenheit für den Führer entsprechend weiterprüfen. Er bittet Sie aus den oben angegebenen Gründen dringend, dem Führer rechtzeitig vor Abfassung seiner Rede von dem wirklichen Sachverhalt der Abstimmung Kenntnis zu geben.
Heil Hitler! Ihr gez.: M. Bormann.

In der ersten Anlage (Brief des Pg. Seidel) wird vom schlechten Ergebnis in Harburg und Hamburg berichtet. U.a. werden folgende Beispiele mitgeteilt: **116**

Harburger Ölwerke, Brinkmann und Mergel:
Belegschaft: 1130 Mann, abgegebene Ja-Stimmen: 430.
Phönix-Gummiwerke:
Belegschaft: 2347 Mann, abgegebene gültige Stimmen: 1394, davon erhielten die Kandidaten durchschnittlich 950 Ja-Stimmen.
Wolter und Söhne:
Belegschaft: 223 Mann, abgegeben 93 gültige Ja-Stimmen.
In der Wilhelmsburger Wollkämmerei, in den Zinnwerken in Wilhelmsburg und in der Harburger Hansamühle gaben gerade 50% der Belegschaft ihre Stimmen ab.

Aus der zweiten Anlage (Brief des Pg. Oexle aus Nußdorf, 24.4.1935): **117**

... Die Betriebsratswahlen haben gezeigt, daß das Vertrauen der Belegschaft zur Betriebsführung vollständig zerrüttet ist. Es haben von 3125 Angestellten und Arbeitern ca. 2900 abgestimmt. Von diesen 2900 waren 1700 Stimmen ungültig, so daß nur 1200 gültige Stimmen herauskamen. Ca. 200 haben überhaupt nicht abgestimmt.
An den ungültigen Stimmen mag zum Teil der Betriebsleiter König, der das anliegende Wurfschreiben an sämtliche Abstimmende verteilen ließ, die Schuld tragen. Dieser Betriebsführer König ist Freimaurer (sh. Kartothek).
Die 1200 gültigen Stimmen erscheinen nun in der Presse als mit 84,5% Ja-Stimmen.
Damit wird das wahre Bild der Abstimmung verfälscht und wirkt in der ganzen Arbeiterschaft geradezu „lächerlich“...

VfZG 3, 1955, S. 314 ff.

Abb. 9: Hitler vor seinem Landhaus am Obersalzberg. Begeistert streckt ihm die Bevölkerung ihre zum Hitlergruß erhobenen Hände entgegen.

118 **Das politische Lied des Nationalsozialismus.** Als Beispiel das viel gesungene:

1. Siehst Du im Osten das Morgenrot, ein Zeichen zur Freiheit, zur Sonne?
Wir halten zusammen, ob lebend, ob tot, mag kommen, was immer da wolle!
Warum jetzt noch zweifeln? Hört auf mit dem Hadern! Noch fließt uns deutsches Blut in den Adern.
Volk, ans Gewehr! Volk, ans Gewehr!
2. Viele Jahre zogen dahin, geknechnet das Volk und betrogen.
Verräter und Juden hatten Gewinn, sie forderten Opfer Legionen.
Im Volke geboren erstand uns ein Führer, gab Glaube und Hoffnung an Deutschland uns wieder.
Volk, ans Gewehr!
3. Deutscher, wach auf nun und reihe dich ein, wir schreiten dem Siege entgegen,
frei soll die Arbeit und frei wolln wir sein und mutig und trotzig-verwegen.
Wir ballen die Fäuste und werden es wagen, es gibt kein Zurück mehr, und keiner darf zagen!
Volk, ans Gewehr!
4. Wir Jungen und Alten, Mann für Mann, umklammern das Hakenkreuzbanner.

Ob Bauer, ob Bürger, ob Arbeitsmann, sie schwingen das Schwert und den Hammer,
sie kämpfen für Hitler, für Arbeit und Brot.
Deutschland, erwache! und Juda - den Tod.
Volk, ans Gewehr.

Hans Baumann (Hrsg.), Morgen marschieren wir. Lieder der deutschen Soldaten. Potsdam, O. J. (1939), S. 199. Text v. A. Pardun

Die Gestapo über die Stimmung der Bevölkerung. Aus einem Bericht der Staatspolizeistelle für den Regierungsbezirk Aachen, 7. 8. 1935[9]: **119**

Die bereits in meinem Lagebericht für Juni festgestellte Tendenz der Stimmungsverschlechterung hat im Berichtsmonat nicht nur angehalten, sondern ist in noch weit stärkerem Maße zum Ausdruck gekommen. Mein Gesamteindruck geht dahin, daß die Stimmung im hiesigen Bezirk augenblicklich einen derartigen Tiefstand erreicht hat wie nie zuvor. Diese Auffassung stützt sich nicht nur auf eine endlose Zahl von einzelnen Vorkommnissen, die als symptomatisch für die Stimmung der Bevölkerung angesehen werden müssen, sondern wird insbesondere auch durch die Lageberichte der Landräte bestätigt, die übereinstimmend ihre Besorgnis über die Verschlechterung der Stimmung zum Ausdruck bringen. Entscheidend für das Absacken der Stimmung sind vor allen Dingen die Besorgnisse in wirtschaftlicher und kulturpolitischer Hinsicht...
Eine wesentliche Verschlechterung hat insbesondere die Stimmung innerhalb der Bergarbeiterschaft erfahren. Konnte in früheren Berichten noch als erfreuliche Tatsache erwähnt werden, daß die überwiegende Mehrheit der Arbeiterschaft und der Bergarbeiterschaft gegenüber dem Staat und der Bewegung eine loyale Haltung einnimmt, so kann heute diese Meldung in dieser unbedingten Form nicht wiederholt werden. Die unzureichenden Löhne, die durch sehr hohe soziale Abgaben stark gemindert werden, und die unbefriedigende Regelung der Urlaubsverhältnisse haben die Bergarbeiterschaft in ihrem Vertrauen zur Staatsführung wankend gemacht. Diese ungünstigen Berichte über die Stimmung gerade der Bergarbeiterschaft des Wurm-Ruhr-Reviers sind einstweilen als Ausfluß ihrer verschlechterten wirtschaftlichen Lage anzusehen; es ist aber zu erwarten - und dazu sind bereits heute gewisse Anhaltspunkte festzustellen -, daß kommunistische Hetzer sich diese Verhältnisse zunutze machen...
Eine innerpolitische Beruhigung wird im hiesigen Bezirk nur dann eintreten, wenn sich in der Bevölkerung die Überzeugung festgesetzt hat, daß ihr katholischer Glaube geschützt bleiben soll. Leider ist es wiederholt vorgekommen, daß gläubige Katholiken von Angehörigen der Partei verdächtigt worden sind, keine guten Deutschen zu sein. Durch solche Vorwürfe werden diese Volksgenossen brüskiert und sind manchmal, vielleicht für immer, für die Weltanschauung des Nationalsozialismus verloren...

[9] Ähnliche Quellen stehen bisher noch kaum zur Verfügung. Der Stimmungsbericht ist nicht repräsentativ für das Reich im ganzen.

Bekannt ist, daß weite Kreise der Bevölkerung ausländische Sender hören, um etwas über die Vorfälle im Reich zu erfahren. Die Ansicht, daß „nicht alles stimmen“ könne, ist im Augenblick sehr weit verbreitet. Hierorts an der Grenze kommt hinzu, daß die Bevölkerung die deutschsprachige Auslandspresse verhältnismäßig leichter erreichen kann und außerdem viele persönliche Beziehungen zum nahen Ausland hat, infolgedessen vermag sich hier eine verschleierte Berichterstattung über innerdeutsche Vorkommnisse in der einheimischen Presse sehr schädlich auszuwirken. Es besteht daher die Gefahr, daß die Bevölkerung geneigt wird, einer tendenziösen und unwahren Berichterstattung in der Auslandspresse Glauben zu schenken, weil sie das Vertrauen zu der deutschen Presse mehr und mehr verloren hat. Vor einiger Zeit brachten ausländische Organe die Nachricht, daß in Aachen eine stark erregte Stimmung herrsche und von Tag zu Tag die Feindseligkeiten gegen den Nationalsozialismus wachsen; die Kasernen der nationalsozialistischen Miliz und deren Umgebung würden scharf bewacht, und es sei schon zu heftigen Zusammenstößen gekommen. Diese Pressenotiz hatte tatsächlich zur Folge, daß in den Landbezirken ähnlich lautende Gerüchte über die Verhältnisse in Aachen verbreitet wurden...
Leider erfaßt die gegen den Staat und die Bewegung gerichtete stille, gleichwohl aber nachhaltige und gefährliche Opposition neuerdings immer weitere Kreise. Zu den Teilen der Arbeiterschaft, die in ihrer Einstellung zum Staat aus sozialpolitischen Gründen schwankend werden, und der im hiesigen Bezirk sehr breiten Schicht kirchentreuer Katholiken, die dem den Staat negierenden Einfluß des Klerus unterliegen, und gewissen, auch nicht organisierten Kategorien von Frontkämpfern, die sich zurückgesetzt oder ausgeschaltet fühlen, kommen hinzu jene bürgerlichen Elemente, die sich aus ihrem rein wirtschaftlich-materiellen Denken nicht loslösen können und dem Kampf der Bewegung gegen Juden, politischen Katholizismus verständnislos gegenüber stehen und aus ihrem liberalistischen Denken heraus jegliche Eingriffe des Staates in ihre eigene Sphäre ablehnen. Vielfach setzen gerade diese Kreise ihre Hoffnung auf die Reichswehr, die in Gerüchten oft in einen Gegensatz zur Partei gebracht wird. Auch hier geht der Reim um:

„Heil Hitler ist der deutsche Gruß,
Die Reichswehr steht Gewehr bei Fuß.
Blomberg wartet auf den großen Krach
Und dann sagen wir wieder ‚Guten Tag‘.
Im dritten Reich marschieren wir,
Im vierten Reich regieren wir.“

Nach meiner Überzeugung wird die stimmungsmäßige Lage von manchen Parteidienststellen nicht in ihrer vollen Bedeutung und Schärfe gewürdigt. Wenn auch die im Juli innerhalb meines Bezirks abgehaltenen Kreisparteitage ohne jede Einschränkung einen erfreulichen Verlauf nahmen und teilweise auch unter reger Beteiligung der Bevölkerung stattfanden, so darf man doch aus solchen Aufmärschen nicht den Schluß ziehen, als ob nun

Abb. 10: Das „Dankopfer der Nation", 1937. Bürger tragen sich an der Sammelstelle des Horst-Wessel-Sturms der SA in Berlin am Strausberger Platz ein. In periodischen Abständen wurden den Bürgern Geld- und Sachspenden abverlangt unter dem Vorwand, dies geschehe zum Wohle der „Volksgemeinschaft".

wirklich alles in Ordnung sei. Setzt man die Zahl der Teilnehmer an den Aufmärschen in Verhältnis zur Bevölkerungsziffer, so läßt sich nicht übersehen, daß im hiesigen Bezirk doch immerhin nur ein geringer Teil der Massen aktiv in der Bewegung mitmarschiert...

Diese Berichte aus Aachen sind eine in solcher Zuverlässigkeit und Genauigkeit seltene Quelle. Es wird jeden Monat ausführlich auch über die Tätigkeit der Kirchen und verbotenen Organisationen berichtet. Bei allem Schwanken der Stimmung bleibt der beherrschende Einfluß der katholischen Kirche konstant.

Bernhard Vollmer, Volksopposition im Polizeistaat, Gestapo- und Regierungsberichte, 1934–1936, Stuttgart 1957, S. 255 ff.

Hitlers Rede vor der deutschen Presse vom 10.11.1938: **120**

... Wenn ich so die intellektuellen Schichten bei uns ansehe, leider, man braucht sie ja; sonst könnte man sie eines Tages ja, ich weiß nicht, ausrotten oder so was (Bewegung). Aber man braucht sie leider. Wenn ich mir also diese intellektuellen Schichten ansehe und mir nun ihr Verhalten vorstelle und es überprüfe, mir gegenüber, unserer Arbeit gegenüber, dann wird mir fast angst. Denn seit ich nun politisch tätig bin und seit ich besonders das

Reich führe, habe ich nur Erfolge. Und trotzdem schwimmt diese Masse herum in einer geradezu oft abscheulichen, ekelerregenden Weise. Was würde denn geschehen, wenn wir nun einmal einen Mißerfolg hätten? Auch das könnte sein, meine Herren. Wie würde dieses Hühnervolk denn dann sich erst aufführen? Die sind schon jetzt, da wir doch überhaupt nur Erfolge haben, und zwar weltgeschichtlich einmalige Erfolge, unzuverlässig. Wie würden sie aber erst sein, wenn wir einmal einen Mißerfolg hätten? Meine Herren, es war früher mein größter Stolz, eine Partei mir aufgebaut zu haben, die auch in den Zeiten der Rückschläge stur und fanatisch hinter mir stand, gerade dann fanatisch hinter mir stand. Das war mein größter Stolz und bedeutete für mich eine ungeheure Beruhigung. Dazu müssen wir das ganze deutsche Volk bringen. Es muß lernen, so fanatisch an den Endsieg zu glauben, daß, selbst wenn wir einmal Niederlagen erleiden würden, die Nation sie nur, ich möchte sagen, von dem höheren Gesichtspunkt aus wertet: Das ist vorübergehend; am Ende wird uns der Sieg sein!...

VfZG 6, 1958, S. 188 f.

121 **Aus einem Bericht von Bischof Rusch** aus Innsbruck während des Krieges. Nachdem er über Aufhebung von Orden und Klöstern, Auflösung von Stiftungen und Vereinen, Behinderungen des kirchlichen Lebens, Schikanen und Verhaftungen geschrieben hat, geht er über zur Wirkung der NS-Kirchenpolitik auf das Volk:

Sogleich nach der Eingliederung Österreichs in Deutschland war die Stimmung in der Bevölkerung äußerst gut zu nennen. Der damalige Leiter der Geheimen Staatspolizei in Innsbruck bestätigte uns dies. Als jedoch das Prozessionsverbot erfolgte und die Entfernung der Kreuze in vielen Schulen, wandelte sich allmählich das Stimmungsbild. In mehreren Orten Tirols wurde ein Schulstreik inszeniert, d.h. die Eltern erklärten, daß die Kinder nicht in die Schule kämen, solange das Kreuz entfernt bleibe. Auf diese Schulverweigerung hin erfolgten strenge staatspolizeiliche Maßnahmen. Die Bevölkerung selbst sah in Zukunft bei Schwierigkeiten von solchen Gehorsamsverweigerungen ab, sie zeigte jedoch durch Abordnungen, die bei den verschiedenen Regierungsstellen vorsprachen, lebhaft ihren Unwillen über solche und ähnliche Anordnungen. Besonders lag der Bevölkerung die Abhaltung des Religionsunterrichtes durch den Priester sehr am Herzen. Zahlreiche Bittschriften und Vorsprachen bei Regierungsstellen geben hiervon Zeugnis. Wie dann noch die Verhaftungswelle einsetzte, war die Stimmung bei der Bevölkerung so geworden, daß die Angelegenheit zu einer offenen Aussprache bei der Staatspolizei in Innsbruck führte. Wiederum gab der damalige Leiter der Staatspolizei den Vertretern der Bischöflichen Behörde darin recht, daß die anfänglich gute Stimmung der Bevölkerung durch die inzwischen vorgenommenen Maßnahmen verschiedener Regierungsstellen, nicht aber durch die Schuld der Kirche, sich so verschlechtert habe. Einen ganz besonderen Eindruck machte auf die Bevölkerung die Verfolgung des Priesterseminars. Die Landbevölkerung hängt nämlich sehr stark an den zukünftigen Priestern, so daß sie sehr bitter davon getroffen ist, daß ein Priesterstudent nicht mehr im eigenen Land sich dem Studium widmen kann, sondern in einen anderen Gau gehen muß, um studieren zu können.

Die weitgehende Beschränkung religiöser Feiertage hatte eine weitere Verschlechterung des Zustandsbildes im Gefolge. Zahlreiche Kinder erschienen an solchen aufgehobenen Feiertagen nicht in der Schule. Als dann an diesen Tagen auch die Abhaltung des Festgottesdienstes um 8 Uhr oder später verboten wurde, erweckte das ein überaus großes Befremden. Die Landbevölkerung arbeitete an diesen Tagen nicht.

In der gleichen Richtung wirkte die Aufhebung von Klöstern. Verschiedene Orden sind besonders bei der Landbevölkerung sehr beliebt. Ein Zeichen für diese Wirkung ist z. B. folgendes: Verschiedene Tiroler Schützen weigerten sich zu dem sonst in Tirol sehr beliebten Landesschießen zu gehen, nachdem die Aufhebung des Kapuzinerklosters bekannt wurde.

Ungesucht und unverlangt erhalte ich als Bischof entweder brieflich oder mündlich z. B. auf Firmungsreisen zahlreiche Nachrichten, die einen Einblick in diese Stimmung der Bevölkerung geben. Hierfür folgen nun einige Zeugnisse. Ein Bauer sagte: „In dieser Zeit, wo man uns Tirolern den Glauben nehmen will, möchte ich am liebsten nicht mehr leben." Eine Mutter, die früher sehr für den Anschluß an Deutschland gearbeitet hatte, sagte: „Wenn ich diese Bekämpfung der Religion vorausgewußt hätte, wäre ich nie für den Anschluß gewesen." Ein Familienvater: „Wir haben kein Vertrauen mehr, weil die uns gegebenen Versprechungen nicht eingehalten wurden." ...

Neuhäusler, Kreuz und Hakenkreuz, S. 355 ff.

Eine Stimme aus der Emigration. Otto Braun schrieb Ende der dreißiger Jahre: **122**

Die Ereignisse im Dritten Reich haben mich ... schließlich doch in die Emigration gedrängt. Man hat mir die Heimkehr nahegelegt. Doch ziehe ich dem belegten Brot der Knechtschaft das trockene Brot der Freiheit vor. Ein Los, das ich mit unzähligen, nicht den schlechtesten, Deutschen teile.

Wenn ich von diesen und auch von Landsleuten, die noch im Reiche wohnen, oft höre, man müsse sich angesichts der Naziwirtschaft schämen, ein Deutscher zu sein, so ist das erklärlich; ich kann auch nicht gut widersprechen, innerlich aber stimme ich nicht zu. Gewiß, was heute im Namen des deutschen Volkes, ohne dessen Zustimmung, vielmehr gegen seinen Willen, alles geschieht, ist beschämend, nur zu geeignet, Abneigung, ja Abscheu und Haß gegen Deutschland und die Deutschen in der Welt auszulösen. Es ist aber abwegig, wenn man das als spezifisch preußisch und deutsch, als charakteristisch für Preußentum und Deutschtum bezeichnet. Was jene, die sich z. T. in das deutsche Staatsbürgerrecht eingeschlichen haben ... treiben, hat mit wahrem Preußentum und wahrem Deutschtum ebensowenig gemein wie der Naziphilosoph Rosenberg mit Kant und der

Nazidichter Johst mit Goethe. Deshalb scheue ich mich auch trotz allem nicht auszusprechen: So sehr mich die Schönheiten der Natur, die mich in meinem Exil umgeben, über manche Bitternis hinwegbringen, habe ich doch Sehnsucht nach meiner herben preußischen Heimat, bin stolz, ein Preuße und ein Deutscher zu sein, und sehne den Tag herbei, wo jene, die heute Deutschland beherrschen, das sie zum Unruheherd Europas gemacht haben, von der politischen Bildfläche verschwunden sein werden. Der Tag kommt!

Otto Braun, Von Weimar zu Hitler, 2. Aufl. New York 1940, S. 452 f. Zit. bei Erich Matthias, Sozialdemokratie und Nation, Stuttgart 1952, S. 169 f.

123 **Aus den Aufzeichnungen Dietrich Bonhoeffers** in der Haft (1943):

Gefährdung und Tod.

Der Gedanke an den Tod ist uns in den letzten Jahren immer vertrauter geworden. Wir wundern uns selbst über die Gelassenheit, mit der wir Nachrichten von dem Tode unserer Altersgenossen aufnehmen. Wir können den Tod nicht mehr so hassen, wir haben in seinen Zügen etwas von Güte entdeckt und sind fast ausgesöhnt mit ihm. Im Grunde empfinden wir wohl, daß wir ihm schon gehören und daß jeder neue Tag ein Wunder ist. Es wäre wohl nicht richtig zu sagen, daß wir gern sterben – obwohl keinem jene Müdigkeit unbekannt ist, die man doch unter keinen Umständen aufkommen lassen darf – dazu sind wir schon zu neugierig oder etwas ernsthafter gesagt: wir möchten gern noch etwas vom Sinn unseres zerfahrenen Lebens zu sehen bekommen. Wir heroisieren den Tod auch nicht, dazu ist uns das Leben zu groß und teuer. Erst recht weigern wir uns, den Sinn des Lebens in der Gefahr zu sehen, dafür sind wir nicht verzweifelt genug und wissen wir zuviel von den Gütern des Lebens, dafür kennen wir auch die Angst um das Leben zu gut und all die anderen zerstörenden Wirkungen einer dauernden Gefährdung des Lebens. Noch lieben wir das Leben, aber ich glaube, der Tod kann uns nicht mehr sehr überraschen. Unseren Wunsch, er möchte uns nicht zufällig, jäh, abseits vom Wesentlichen, sondern in der Fülle des Lebens und in der Ganzheit des Einsatzes treffen, wagen wir uns seit den Erfahrungen des Krieges kaum mehr einzugestehen. Nicht die äußeren Umstände, sondern wir selbst werden es sein, die unseren Tod zu dem machen, was er sein kann, zum Tod in freiwilliger Einwilligung.

Sind wir noch brauchbar?

Wir sind stumme Zeugen böser Taten gewesen, wir sind mit vielen Wassern gewaschen, wir haben die Künste der Verstellung und der mehrdeutigen Rede gelernt; wir sind durch Erfahrung mißtrauisch gegen die Menschen geworden und mußten ihnen die Wahrheit und das freie Wort oft schuldig bleiben, wir sind durch unerträgliche Konflikte mürbe oder vielleicht zynisch geworden – sind wir noch brauchbar? Nicht Genies, nicht Zyniker, nicht Menschenverächter, nicht raffinierte Taktiker, sondern schlichte, einfache, gerade Menschen werden wir brauchen. Wird unsere innere Widerstandskraft gegen das uns Aufgezwungene stark genug und unsere Aufrichtigkeit gegen uns selbst schonungslos genug geblieben sein, daß wir den Weg zur Schlichtheit und Geradheit wiederfinden...

... 24.6.43

Was für ein Reichtum ist in solchen bedrängten Zeiten eine große, eng miteinander verbundene Familie, wo einer dem anderen vertraut und beisteht. Ich habe früher bei... Verhaftungen von Pfarrern manchmal gedacht, es müsse doch für die Alleinstehenden unter ihnen am leichtesten zu ertragen sein. Damals habe ich nicht gewußt, was in der kalten Luft der Gefangenschaft die Wärme, die von der Liebe einer Frau und einer Familie ausgeht, bedeutet und wie gerade in solchen Zeiten der Trennung das Gefühl der unbedingten Zusammengehörigkeit noch wächst...

Dietrich Bonhoeffer, Widerstand und Ergebung, 2. Aufl. München 1977, S. 30 f. u. 53

Briefentwurf Goerdelers an Generalfeldmarschall von Kluge, 25.7.1943. Nach Erörterung der unermeßlichen wirtschaftlichen Kriegsschäden: **124**

... Zur Zeit sind die Bande aller Moral zerrissen; was da ist, ist nur noch Konvention. Wer wie ich fast dauernd herumfährt, sieht, wie z.B. in den großen Hotels geschoben wird. Er sieht Offiziersgestalten, die nichts mehr mit unserem guten Offizierstum zu tun haben; er sieht junge Bengels, namentlich mit Parteiabzeichen, die mit dem Maule siegen, aber nicht daran denken, ihrer Wehrpflicht zu genügen. Selbst in der Wehrmacht müssen die Grundlagen der Moral auf das schwerste erschüttert sein, weil die religiöse Grundlage verlassen ist und weil der Kamerad den Kameraden hinter dessen Rücken anzeigen darf, ohne selbst als ein Lump behandelt zu werden. Die Errichtung des Sondergerichts beim Reichsmilitärgericht, die Durchsetzung der Armee mit Spitzeln spricht doch Bände! Vor einer Woche vernahm ich den Bericht eines 18½jährigen SS-Soldaten, der früher ein ordentlicher Junge war, jetzt mit Gelassenheit erzählte, daß es „nicht gerade sehr schön wäre, Gräben mit Tausenden von Juden angefüllt mit dem Maschinengewehr abzusägen und dann Erde auf die noch zuckenden Körper zu werfen". Was hat man aus der stolzen Armee der Freiheitskriege und Kaiser Wilhelms I. nur gemacht! Aber das Volk weiß und fühlt dies mit einer bewunderungswürdigen, gottlob vorhandenen instinktiven Sicherheit. Lassen Sie sich, verehrter Herr Generalfeldmarschall, um Gottes willen nicht täuschen, wenn man Ihnen sagt, daß das Volk die Lügen glaubt, zu denen man es zwingen will! Das Volk verachtet diese Lügen und haßt ihre Verbreiter. Das ist die Wahrheit. Sie wird um so elementarer hervorbrechen, je länger man sie zu unterdrücken bemüht. Aber es wird sich dann auch gegen alle wenden, die eine Mitverantwortung auf sich geladen haben... Angesichts dieses nun offenbar werdenden nationalen Unglücks, in das uns eine wahnwitzige, göttliches und menschliches Recht verachtende Führung gebracht hat, erlaube ich mir eine letzte Bitte an Sie, sehr verehrter

Herr Generalfeldmarschall, zu richten. Sie können gewiß sein, daß es die letzte sein wird. Nunmehr ist die Stunde gekommen, in der wir auch über unser persönliches Geschick endgültig zu entscheiden haben. Hier ist der Weg, den das Gewissen klar weist, dort der andere, bequemere. Jener Weg mag Gefahren enthalten, aber er ist ehrenvoll; dieser führt zu bitterem Ende und furchtbarer Reue. Wissen Sie, sehr geehrter Herr Generalfeldmarschall, angesichts der furchtbaren, sich immer mehr beschleunigenden Zerstörungen deutscher Städte noch ein Mittel, um einen Sieg zu erringen, der 1. ermöglicht, Rußland endgültig von Europa fernzuhalten, 2. die USA und das englische Weltreich dazu zu zwingen, diese Angriffe aufzugeben und schließlich Frieden zu machen? Das ist doch politisch und militärisch gesehen die Frage, die vor uns steht. Wenn es diesen Sieg gibt, dann muß man seine Möglichkeit dem deutschen Volk nicht mit Lüge, sondern mit der Wahrheit, die doch dann vorhanden sein muß, klarmachen. Wenn es aber den Sieg nicht gibt, dann ist die Fortsetzung des Krieges ein glattes Verbrechen, weil es für ein Volk niemals ein heroisches Ende, sondern immer nur ein Weiterlebenmüssen gibt.

Ich habe erneut festgestellt, und übernehme dafür die Verantwortung, daß die Möglichkeit noch vorhanden ist, zu einem für uns günstigen Friedensschluß zu kommen, wenn wir Deutschen uns selbst wieder verhandlungsfähig machen. Daß mit Verbrechern und Narren kein Staatsmann dieser Welt verhandeln kann, weil er nicht leichtfertig das Geschick seines Volkes Narrenhänden anvertrauen kann, ist doch selbstverständlich. Das sagt uns ja auch unser eigenes Gewissen.

Natürlich sind die Möglichkeiten schwieriger zu verwirklichen als vor einem Jahr. Sie sind auch nur auszunutzen, wenn der Politiker noch eine gewisse zeitliche Bewegungsfreiheit hat, wenn er also nicht wie 1918 von heute auf morgen vor das militärische „Wir können nicht mehr!“ gestellt wird. Wird diese zweite, vom Militär abhängende Voraussetzung erfüllt, so können wir mit Ruhe, mit verständigem Handeln, den Krieg sofort in der Luft und allmählich auch im Lande abbremsen. Wer dem deutschen Volk heute verkünden kann, daß der Krieg in der Luft beendet ist, der hat das Volk hinter sich, und es wird niemand wagen, gegen ihn eine Stimme zu erheben oder einen Finger zu rühren. So liegen die Dinge, und nicht ein Jota anders …

Wir müssen nunmehr Schluß damit machen, Narren zu gestatten, dem deutschen Volk ihre Illusionen und Lügen aufzwingen zu wollen, aus einem aus Herrschsucht geborenen Eroberungskrieg einen Krieg notwendiger Verteidigung zu machen. Wir haben gar keine Veranlassung, den Bolschewismus oder die Angelsachsen zu fürchten. Auch dort wird mit Wasser gekocht, und wir haben vieles in die Waagschale zu werfen. Auch sie alle sind auf unsere Kraft und unser Können angewiesen. Aber es müssen wieder anständige Deutsche sein, die die deutschen Interessen mit Kraft und Vernunft vertreten. Ich werde Ihnen nicht mehr lästig werden, sehr geehrter Herr Generalfeldmarschall; ich habe nur noch eine Antwort von Ihnen zu erbitten und weiß, welche Bedeutung es hat, wenn Sie mir die Antwort verweigern. Nur eines bitte ich: sie nicht etwa deshalb zu verweigern, weil Sie Sorge haben. Ich habe zu schweigen gelernt und werde es jetzt nicht verlernen. Ich weiß, was ich den Männern schuldig bin, denen ich vertraue. Wenn aber nicht wenigstens drei oder vier Männer in Deutschland zueinander mehr Vertrauen haben, dann allerdings können wir einpacken.

Gerhard Ritter, Goerdeler, S. 597 ff.

SS-Obergruppenführer G. Berger, Chef SS-Hauptamt an Reichsführer SS Himmler, 10.10.1943: **125**

Reichsführer!
Ich bitte, zwei Dinge vortragen zu dürfen, die mir überaus wichtig erscheinen und mich innerlich belasten.
1) Die Stimmung in der Bevölkerung ist in der Masse gut. Sehr gut hält sich das mittlere Bürgertum, die Arbeiterschaft. Am meisten schimpfen die Bauern und die sogenannte Haute volé, ob das nun in einer kleinen Stadt in Württemberg, Bayern oder in Ostpreußen ist. Feindselig wie sonst nirgends ist die Stimmung der Bevölkerung in München. Seit Jahren bemühe ich mich schon, von uns aus alles zu tun, damit nicht eines Tages der Gedanke aufkommt: Dieser Krieg ist ein Krieg der Schutzstaffel oder der NSDAP, was in der heutigen Zeit - ich sage das ohne jede Überheblichkeit, sondern nur mit einer tiefen Überzeugung - ja dasselbe bedeutet. Daher auch trotz der schweren Zeit die Planung der Ausstellung über die Schutzstaffel, in der nicht nur unsere Waffen-SS und ihre Taten gezeigt werden, sondern auch unsere Friedensarbeit. SS-Obergruppenführer Pohl wird hier ganz groß die Sache meistern. Reichsminister Dr. Goebbels glaubt, er habe das Volk in der Hand. Er hält sich für den Fakir, auf dessen Pfeifen und Rufen die Viper und die Brillenschlange tanzt. Nun ist das deutsche Volk keine Brillenschlange, dazu ist es viel zu schwerfällig, hat auch zu wenig Gift, und Dr. Goebbels ist kein Fakir. Hier entsteht für uns, meiner Meinung nach, eine ganz ungeheure Verantwortung, darüber zu wachen, daß immer der Krieg als ein Krieg für das Reich, nie als ein Krieg für den Führer, die NSDAP und die SS herausgestellt wird.
Wenn diese meine Gedanken richtig sind, bitte ich Reichsführer-SS auch für das Reichssicherheitshauptamt einen Hinweis geben zu wollen...

Reichsführer!..., hrsg. von H. Heiber, 1968, S. 237 f.

Das letzte der Flugblätter der „Weißen Rose“ (Februar 1943), von den Studenten Hans und Sophie Scholl in der Münchener Universität verbreitet: **126**

Kommilitonen! Kommilitoninnen!
Erschüttert steht unser Volk vor dem Untergang der Männer von Stalingrad. Dreihundertdreißigtausend deutsche Männer hat die geniale Strategie des Weltkriegsgefreiten sinn- und verantwortungslos in Tod und Verderben gehetzt. Führer, wir danken dir!

Es gärt im deutschen Volk: Wollen wir weiter einem Dilettanten das Schicksal unserer Armeen anvertrauen? Wollen wir den niederen Machtinstinkten einer Parteiclique den Rest der deutsche Jugend opfern? Nimmermehr! Der Tag der Abrechnung ist gekommen, der Abrechnung der deutschen Jugend mit der verabscheuungswürdigsten Tyrannis, die unser Volk je erduldet hat. Im Namen der deutschen Jugend fordern wir vom Staat Adolf Hitlers die persönliche Freiheit, das kostbarste Gut des Deutschen zurück, um das er uns in der erbärmlichsten Weise betrogen.

In einem Staat rücksichtsloser Knebelung jeder freien Meinungsäußerung sind wir aufgewachsen. HJ, SA, SS haben uns in den fruchtbarsten Bildungsjahren unseres Lebens zu uniformieren, zu revolutionieren, zu narkotisieren versucht. „Weltanschauliche Schulung" hieß die verächtliche Methode, das aufkeimende Selbstdenken in einem Nebel leerer Phrasen zu ersticken. Eine Führerauslese, wie sie teuflischer und bornierter zugleich nicht gedacht werden kann, zieht ihre künftigen Parteibonzen auf Ordensburgen zu gottlosen, schamlosen und gewissenlosen Ausbeutern und Mordbuben heran, zur blinden, stupiden Führergefolgschaft. Wir „Arbeiter des Geistes" wären gerade recht, dieser neuen Herrenschicht den Knüppel zu machen. Frontkämpfer werden von Studentenführern und Gauleiteraspiranten wie Schuljungen gemaßregelt, Gauleiter greifen mit geilen Späßen den Studentinnen an die Ehre. Deutsche Studentinnen haben an der Münchner Hochschule auf die Besudelung ihrer Ehre eine würdige Antwort gegeben, deutsche Studenten haben sich für ihre Kameradinnen eingesetzt und standgehalten ... Das ist ein Anfang zur Erkämpfung unserer freien Selbstbestimmung, ohne die geistige Werte nicht geschaffen werden können. Unser Dank gilt den tapferen Kameradinnen und Kameraden, die mit leuchtendem Beispiel vorangegangen sind!

Es gibt für uns nur eine Parole: Kampf gegen die Partei! Heraus aus den Parteigliederungen, in denen man uns weiter politisch mundtot halten will! Heraus aus den Hörsälen der SS-Unter- und Oberführer und Parteikriecher! Es geht uns um wahre Wissenschaft und echte Geistesfreiheit! Kein Drohmittel kann uns schrecken, auch nicht die Schließung unserer Hochschulen. Es gilt den Kampf jedes Einzelnen von uns um unsere Zukunft, unsere Freiheit und Ehre in einem seiner sittlichen Verantwortung bewußten Staatswesen.

Freiheit und Ehre! Zehn lange Jahre haben Hitler und seine Genossen die beiden herrlichen deutschen Worte bis zum Ekel ausgequetscht, abgedroschen, verdreht, wie es nur Dilettanten vermögen, die die höchsten Werte einer Nation vor die Säue werfen. Was ihnen Freiheit und Ehre gilt, haben sie in zehn Jahren der Zerstörung aller materiellen und geistigen Freiheit, aller sittlichen Substanzen im deutschen Volk genugsam gezeigt. Auch dem dümmsten Deutschen hat das furchtbare Blutbad die Augen geöffnet, das sie im Namen von Freiheit und Ehre der deutschen Nation in ganz Europa angerichtet haben und täglich neu anrichten. Der deutsche Name bleibt für immer geschändet, wenn nicht die deutsche Jugend endlich aufsteht, rächt

Abb. 11: Die Geschwister Scholl. Hans Scholl (1918–1943), Sophie Scholl (1921–1943), Christoph Probst, Studenten der Universität München, waren führende Mitglieder der Widerstandsbewegung „Weiße Rose".

und sühnt zugleich, ihre Peiniger zerschmettert und ein neues geistiges Europa aufrichtet.
Studentinnen, Studenten! Auf uns sieht das deutsche Volk! Von uns erwartet es, wie 1813 die Brechung des Napoleonischen, so 1943 die Brechung des nationalsozialistischen Terrors aus der Macht des Geistes. Beresina und Stalingrad flammen im Osten auf, die Toten von Stalingrad beschwören uns!
„Frisch auf mein Volk, die Flammenzeichen rauchen!"
Unser Volk steht im Aufbruch gegen die Verknechtung Europas durch den Nationalsozialismus, im neuen gläubigen Durchbruch von Freiheit und Ehre.

Inge Scholl, die weiße Rose, Frankfurt 1952, S. 108 ff.

Die Stimme eines Nationalsozialisten, 1944. Als Beispiel für einen Glauben und eine Sprache, wie sie bis zum Ende bei einer freilich immer geringer werdenden Minderheit des Volkes noch Anklang fanden, der Schluß der Rede des SS-Obergruppenführers Berger vom März 1944 (vgl. Quelle Nr. 76): **127**

... Mit den äußeren Werten stirbt überall im germanischen Raum der Bürger. Er kann nicht mehr leben in einer Stadt, über der noch der Rauch der verbrannten Häuser liegt, in der die Fenster mit Papier beschlagen sind, in der man aus reinem Mangel an Raum menschlich näherrücken und sich zusammenschließen muß. Als vor 300 Jahren das deutsche Volk auch durch schwere Zeiten ging, da schuf es das trutzigste aller Kirchenlieder:

„Nehmen sie den Leib, Gut, Ehr,
Kind und Weib
Laß fahren dahin,
Sie haben's kein Gewinn,
Das Reich muß uns doch bleiben."

Besser könnten wir heute unsere Zeit auch nicht bezeichnen. Es ist nur ein großer Unterschied: daß wir starken und mutigen Herzens sind und uns unter dem Reich nicht ein Jenseits vorstellen, sondern das Reich der Zukunft, den Beginn eines neuen Jahrtausends.

Wir wissen und fühlen, daß durch Not und Verderben, durch die Nächte des Grauens und des Terrors unser Herrgott - wie wir uns ihn vorstellen - zu einer ringenden Welt spricht.

Es hängt an uns und nur an uns und wir dürfen nicht glauben, daß diese bis jetzt gezeigte tapfere Haltung nicht auf große Teile gerade des germanischen Raumes ganz tiefen Eindruck macht. Damit Hochachtung schafft und damit die Grundlage für das Reich, das unser Führer, wenn dieser Krieg einst zu Ende gekämpft ist, uns geben wird und das gebaut wird, so wie er es will.

Denn letzten Endes wäre ja auch das alles nur ein Traum geblieben, wenn er nicht gekommen wäre: Adolf Hitler!

Jacobsen, 1939/1945 . . ., S. 470

128 **Brief des Reichsministers Speer an Hitler,** 29. 3. 1945, nach dem Erlaß des Führerbefehls vom 19. 3. 1945, über weitgehende Selbstzerstörungen („verbrannte Erde") auf deutschem Boden:

Mein Führer!

Wenn ich mich noch einmal schriftlich an Sie wende, dann nur, weil ich mündlich nicht in der Lage bin, Ihnen - aus innerer Erregung heraus - meine Gedanken mitzuteilen . . .

Als ich Ihnen am 18. März meine Schrift übergab, war ich der festen Überzeugung, daß die Folgerungen, die ich aus der gegenwärtigen Lage zur Erhaltung unserer Volkskraft zog, unbedingt Ihre Billigung finden werden. Denn Sie hatten selbst einmal festgelegt, daß es Aufgabe der Staatsführung ist, ein Volk bei einem verlorenen Krieg vor einem heroischen Ende zu bewahren.

Sie machten mir jedoch am Abend Ausführungen, aus denen, wenn ich Sie nicht mißverstanden habe, klar und eindeutig hervorging:

Wenn der Krieg verlorengeht, wird auch das Volk verloren sein. Dieses Schicksal ist unabwendbar. Es sei nicht notwendig, auf die Grundlagen, die das Volk zu seinem primitivsten Weiterleben braucht, Rücksicht zu nehmen. Im Gegenteil sei es besser, selbst diese Dinge zu zerstören. Denn das Volk hätte sich als das schwächere erwiesen, und dem stärkeren Ostvolk gehöre dann ausschließlich die Zukunft. Was nach dem Kampf übrigbleibe, seien ohnehin nur die Minderwertigen, denn die Guten seien gefallen!

Nach diesen Worten war ich zutiefst erschüttert. Und als ich einen Tag später den Zerstörungsbefehl und kurz danach den scharfen Räumungsbefehl las, sah ich darin die ersten Schritte zur Ausführung dieser Absichten. Ich glaubte bis dahin aus ganzem Herzen an ein gutes Ende dieses Krieges. Ich hoffte, daß nicht nur unsere neuen Waffen und Flugzeuge, sondern vor allem unser fanatisch sich steigernder Glaube an unsere Zukunft das Volk und die Führung zu den letzten Opfern befähigen werden. Ich war damals selbst entschlossen, mit den Segelflugzeugen gegen die russischen Kraftwerke zu fliegen und dort durch persönlichen Einsatz mitzuhelfen, das Schicksal zu wenden und gleichzeitig Beispiel zu geben.
Ich kann aber nicht mehr an den Erfolg unserer guten Sache glauben, wenn wir in diesen entscheidenden Monaten gleichzeitig und planmäßig die Grundlage unseres Volkslebens zerstören. Das ist ein so großes Unrecht unserem Volke gegenüber, daß das Schicksal es mit uns dann nicht mehr gut meinen kann. Das, was Generationen aufgebaut haben, dürfen wir nicht zerstören. Wenn der Feind es tut und damit das deutsche Volk ausrottet, dann soll er die geschichtliche Schuld allein auf sich nehmen. Ich bin der Überzeugung, daß die Vorsehung diese dann strafen wird, da sie sich an diesem tapferen und anständigen Volk vergriffen haben.
Ich kann nur mit innerem Anstand und mit der Überzeugung und dem Glauben an die Zukunft weiter arbeiten, wenn Sie, mein Führer, sich wie bisher zur Erhaltung unserer Volkskraft bekennen. Ich gehe dabei nicht im einzelnen darauf ein, daß Ihr Zerstörungsbefehl vom 19. März 1945 durch voreilige Maßnahmen die letzten industriellen Möglichkeiten nehmen muß und daß sein Bekanntwerden in der Bevölkerung größte Bestürzung auslöst. Das sind alles Dinge, die zwar entscheidend sind, aber an dem Grundsätzlichen vorbeigehen.
Ich bitte Sie daher, nicht selbst am Volk diesen Schritt der Zerstörung zu vollziehen. Wenn Sie sich hierzu in irgendeiner Form entschließen könnten, dann würde ich wieder den Glauben und den Mut haben, um mit größter Energie weiter arbeiten zu können...

Zuletzt abgedruckt bei Jacobsen, 1939/1945, S. 528 ff.

Aus dem Lebensbericht eines Abiturienten (1946/47) zur Abgabe bei der Reifeprüfung: **129**

... Diese Kameradschaft, das war es auch, was ich an der Hitlerjugend liebte. Als ich mit zehn Jahren in die Reihen des Jungvolks eintrat, war ich begeistert. Denn welcher Junge ist nicht entflammt, wenn ihm Ideale, hohe Ideale wie Kameradschaft, Treue und Ehre entgegengehalten werden. Ich weiß noch, wie tief ergriffen ich dasaß, als wir die Schwertworte des Pimpfen lernten: „Jungvolkjungen sind hart, schweigsam und treu; Jungvolkjungen sind Kameraden; des Jungvolkjungen Höchstes ist die Ehre!" Sie schienen mir etwas Heiliges zu sein. – Und dann die Fahrten! Gibt es etwas Schöneres, als im Kreise von Kameraden die Herrlichkeiten der Heimat zu genießen? Oft zogen wir am Wochenende in die nächste Umgebung von K. hinaus, um den Sonntag dort zu verleben. Welche Freude empfanden wir, wenn wir an irgendeinem blauen See Holz sammelten, Feuer machten und darauf dann eine Erbsensuppe kochten!... Und es ist immer wieder ein tiefer Eindruck, abends in der freien Natur im Kreise um ein kleines Feuer zu sitzen und Lieder zu singen oder Erlebnisse zu erzählen! Diese Stunden waren wohl die schönsten, die uns die Hitlerjugend geboten hat. Hier saßen dann Lehrlinge und Schüler, Arbeitersöhne und Beamtensöhne zusammen und lernten sich gegenseitig verstehen und schätzen. – Daneben freut es mich, daß auch der Sport im Jungvolk beachtet wurde. Bei unseren Fahrten fehlte nie ein Ball oder sonst ein Sportgerät... – Später allerdings, als ich Führer im Jungvolk wurde, da traten auch die Schattenseiten stark hervor. Der Zwang und der unbedingte Gehorsam berührten mich unangenehm. Ich sah wohl ein, daß Disziplin und Ordnung herrschen mußten bei dieser Anzahl von Jungen, aber es wurde übertrieben. Am liebsten wurde gesehen, wenn man keinen eigenen Willen hatte und sich unbedingt unterordnete. Diese Methode aber konnte die Jungen nicht zu willensstarken Männern erziehen! Als ich dann als Einsatzführer auf den Bann berufen wurde und so schon einen etwas größeren Einblick gewann, da kamen mir die ersten schwereren Bedenken. Überall griff jetzt die Hitlerjugend in das private Leben ein. Hatte man private Interessen neben denen der Hitlerjugend, dann wurde man schief angesehen. Ich fragte mich: „Ist es nötig, daß wir Einsatzführer der Front vorenthalten werden, obwohl unsere Tätigkeit auf dem Bann gar nicht der Rede wert ist?" Denn was wurde auf dem Bann Arbeit genannt? Unsere Tätigkeit war, um ein allen geläufiges Wort zu gebrauchen, Papierkrieg. Wir mußten den ganzen Tag in unserer Baracke sitzen, obwohl die Arbeit, die wir hier verrichteten, nebenbei hätte erledigt werden können. Hätten wir da nicht weiter zur Schule gehen und unsere HJ.-Tätigkeit nebenbei verrichten können? Hätten wir dem Vaterland damit nicht mehr gedient als durch müßiges Herumsitzen? Aber mit welchem vorgesetzten Führer sollten wir in dieser Hinsicht sprechen? Alle waren nur darauf bedacht, ihre Machtbefugnisse auf keinen Fall einschränken zu lassen! Sie konnten doch der Schule nicht neben der HJ. einen Platz einräumen! Aber trotz aller Bedenken glaubte ich doch an die nationalsozialistische Idee. Die Mängel versuchte ich durch den Krieg zu entschuldigen, der die richtigen Führer anderen Aufgaben als der Jugenderziehung zuführte. Daneben, so meinte ich, trug das Anfangsstadium der Bewegung einen großen Teil der Schuld. – Als dann der Zusammenbruch kam, da sah es leer in meinem Innern aus. Jetzt sollte das, was für uns acht Jahre lang das Richtige gewesen war, mit einem Male falsch sein? Bei diesem Gedanken brach in mir mehr zusammen als nur der Glaube an die neue Bewegung. Wem konnte man denn jetzt noch Glauben schenken? Klang das, was man uns gelehrt hatte, nicht echt und richtig? Und nun sollten alle diese Worte, für die wir durchs Feuer gegangen wären, nur Lug und Trug gewesen sein? Ich stand vor einem Abgrund. Kann man denn nach diesem Erlebnis noch

Abb. 12: Kurz vor Kriegsende dekoriert Hitler im Garten der Reichskanzlei Kinder, die sich an der „Front" ausgezeichnet haben, mit dem Eisernen Kreuz. Der Jüngste der Ausgezeichneten ist erst zwölf Jahre alt.

irgendeinem Menschen trauen? Der Glaube an die ganze Menschheit kam ins Wanken! Dieser Riß im Innern kann nur langsam und mit der Zeit heilen. Aber jeder Ältere wird dies wohl den jungen Menschen nachfühlen können. Hoffen wir nur, daß diese innere Ungewißheit bald überwunden werden kann! ...

Jugend unterm Schicksal. Lebensberichte junger Deutscher, 1946–1949, Hamburg 1950, S. 61 ff.

Aus dem Lebensbericht einer Abiturientin (1948): **130**

... Ich bin eine begeisterte Jungmädelführerin gewesen. Es hatte mir soviel Freude gemacht, mit den kleinen Mädeln zu singen, mit ihnen in die Natur hinauszuwandern und Sport zu treiben. Fleißig wurde für die Weihnachtsmärkte gebastelt. Durch die vielen Lager lernte ich meine Heimat Schleswig-Holstein kennen. Den größten Eindruck machte auf mich das Segeberger Pfingsttreffen, als Tausende von Mädeln und Jungen in weißen Blusen und braunen Hemden in dem Stadion des Kalkberges saßen und die schmetternden Fanfaren ertönten. Auf einmal sollte alles, was mir einmal etwas bedeutet hatte, nichts mehr sein? Die großartige Fassade brach vor meinen Augen zusammen. Ich fand nirgends einen festen Halt, da mir auch mein christlicher Glaube nichts mehr geben konnte. Völlig verzweifelt stand ich dem Leben gegenüber. Ich suchte einen neuen Weg. Die Tage im Michaelshaus in Blankenese wurden mir zu einem inneren Erlebnis. Hier werden Mädel und Jungen für kurze Zeit zusammengerufen, damit sie über religiöse Fragen diskutieren. Ich fand im Michaelshaus nach den Unruhen der letzten Zeit den Weg zu Christus wieder. Besonders eindrucksvoll war mir ein gemeinsamer Gottesdienst mit den Engländern, in dem ich spürte, wie die große Gemeinde Jesu Christi alle Völker vereinigt. Ob Deutscher, ob Engländer - wir beteten zusammen das Vaterunser und sangen gemeinsam jeder in seiner Sprache „Nun danket alle Gott". War mir in den letzten Jahren nicht nur der Haß gegen unsere Feinde eingeimpft worden? „Vor Gott sind wir alle Sünder", das erfuhr ich in den wenigen Tagen im Michaelshaus. Auch wurde mir da ganz klar, daß eine Jugendbewegung nur dann bestehen kann, wenn sie auf einen festen Grund gebaut ist. Ich hatte es selbst erfahren und den Zusammenbruch erlebt...

Jugend unterm Schicksal. Lebensberichte junger Deutscher, 1946–1949, Hamburg 1950, S. 228 f.

Erläuterungen zu den Namen

Berger, Gottlob (geb. 1896), SS-Obergruppenführer und General der Waffen-SS, Chef des Kriegsgefangenenwesens. 1944 deutscher Befehlshaber in der Slowakei, 1949 im Wilhelmstraßenprozeß zu 25 Jahren Haft verurteilt, aber vorzeitig entlassen.

Blau, Paul (1861–1944), evangelischer Theologe. 1910 Ernennung zum Generalsuperintendenten in Posen, 1919–39 Generalsuperintendent der unierten evangelischen Kirche in Polen, seit 1939 bekleidete Blau die entsprechende Stellung im Warthegau und kämpfte in dieser Stellung gegen die nationalsozialistische Kirchenpolitik.

v. Blomberg, Werner (1878–1946). 1929–33 Kommandeur des Wehrkreises I (Königsberg), 1933 Generaloberst und Reichswehrminister, ab 1935 Reichskriegsminister, 1936 Generalfeldmarschall, Januar 1938 erzwungener Abschied wegen unstandesgemäßer Heirat, 1946 als Zeuge im Nürnberger Prozeß, im Zeugengefängnis verstorben.

Bonhoeffer, Dietrich (1906–45), evangelischer Theologe. 1929 Habilitation in Berlin, 1936 Entzug seiner Dozentur an der Universität Berlin, 1943 verhaftet, April 1945 Hinrichtung.

Bormann, Martin (1900–45?), bis 1941 Stabsleiter beim Stellvertreter des Führers (Rudolf Heß). 1941 als dessen Nachfolger Stellvertreter und Sekretär des Führers und Chef der Parteikanzlei, 29. 4. 1945 in Hitlers politischem Testament zum Reichsminister für die NSDAP ernannt, 1947 in Nürnberg in absentia zum Tode verurteilt.

v. Brauchitsch, Walter (1881–1948). 1933–37 als Nachfolger Blombergs Kommandeur des Wehrkreises I (Königsberg), 1937–38 Gruppenkommando 4 (Leipzig), Februar 1938 Nachfolger Fritschs als Oberbefehlshaber des Heeres, Generaloberst, Dezember 1941 aus seiner Stellung entfernt, die Hitler von nun an persönlich wahrnahm.

Braun, Otto (1872–1955). Ab 1913 Abgeordneter in Preußen und im Reich, 1920–32/33 (mit zwei kurzen Unterbrechungen) Preußischer Ministerpräsident, 1925 Kandidat der SPD für die Reichspräsidentenwahl, 1932 durch Papens Staatsstreich vom 20. Juli abgesetzt, März 1933 Verzicht und Emigration nach den USA.

Chamberlain, Neville (1869–1940), konservativer englischer Politiker. 28. 5. 1937–10. 5. 1940 englischer Premierminister, suchte im Herbst 1938 mit Hitler zu einer friedlichen Regelung der Sudetenfrage zu kommen (Münchener Konferenz).

Corbin, Charles (geb. 1881–19?), französischer Diplomat. 1906 Eintritt in den diplomatischen Dienst, 1929–31 französischer Botschafter in Madrid, 1931–33 Botschafter in Brüssel, 1933–40 Botschafter in London.

Daladier, Edouard (geb. 1884–1970), Abgeordneter der französischen Nationalversammlung (Radikalsozialist). Seit 1924 mehrfach Minister, 1933/34 Ministerpräsident, 1934–38 Kriegsminister, 1938–40 Ministerpräsident, bemühte sich gemeinsam mit Chamberlain um eine friedliche Regelung des Verhältnisses zu Deutschland (Münchener Konferenz 1938), 1943 bis 45 in Deutschland interniert, seit 1946 wieder Abgeordneter, Ende November 1957 Parteipräsident der Radikalsozialistischen Partei für ein Jahr; 1953–1958 Bürgermeister von Avignon; Juni 1961 Rückzug aus der Politik.

Dix, Rudolf, Jurist. Während der Nürnberger Prozesse Verteidiger des Angeklagten Schacht.

Dönitz, Karl (geb. 1891–1980). 1936–41 als Fregattenkapitän und Kapitän z. S. Führer der U-Boote in der deutschen Kriegsmarine, 1941–45 Befehlshaber der U-Boote, 1943–45 Oberbefehlshaber der Marine, Beförderung zum Großadmiral, 29.4.1945 in Hitlers politischem Testament zum Reichspräsidenten ernannt, Chef der letzten deutschen Reichsregierung, 1946 in Nürnberg zu 10 Jahren Haft verurteilt.

Dollfuß, Engelbert (1892–1934), österreichischer christlich-sozialer Politiker. 1931/32 Landwirtschaftsminister, 1932–34 Bundeskanzler, 25.7.1934 von Nationalsozialisten ermordet.

Eichmann, Karl Adolf (1906–62), seit der Mitte der 30er Jahre Experte des SD für Judenfragen, Leiter des Büros für jüdische Auswanderung, Leiter des Referats IV. B 4 (Rassenfragen) im RSHA. Als solcher verantwortlich für die „Endlösung der Judenfrage". SS-Obersturmbannführer. 1960 in Argentinien verhaftet, in Israel vor Gericht gestellt und 1962 hingerichtet.

Eicke, Theodor (1892–1943). 1927 Eintritt in die SA, 1930 Eintritt in die SS, 1933 als SS-Standartenführer Kommandant des KZ Dachau, 1934 Inspekteur der Konzentrationslager und als solcher Führer der SS-Totenkopfverbände, 1939 führend tätig bei der Aufstellung der SS-Totenkopfdivision, während des Krieges SS-Obergruppenführer.

Frank, Hans (1900–46). Eintritt in die NSDAP, Leiter der „Deutschen Rechtsfront", 1934–45 Reichsminister ohne Geschäftsbereich, 1946 in Nürnberg zum Tode verurteilt und hingerichtet.

Frick, Wilhelm (1877–1946). 1925 Eintritt in die NSDAP, 1933–43 Reichsminister des Innern, 1943 durch Himmler ersetzt, 1946 in Nürnberg zum Tode verurteilt und hingerichtet.

Frhr. v. Fritsch, Werner (1880–1939). 1932–34 Kommandeur des Wehrkreises III (Berlin), 1934 Chef der Heeresleitung, 1935 Oberbefehlshaber des Heeres, Generaloberst, Februar 1938 abgelöst aufgrund falscher Anschuldigungen (angeblich Homosexualität), später rehabilitiert, aber nicht wieder in seine alte Stellung eingesetzt, 1939 vor Warschau gefallen.

Goebbels, Josef (1897–1945). 1926 Gauleiter von Berlin, 1928 Reichspropagandaleiter der NSDAP, 1933–45 Reichsminister für Volksaufklärung und Propaganda, 19.4.1945 von Hitler in seinem politischen Testament zum Reichskanzler ernannt, 1.5.1945 Selbstmord in Berlin.

Goerdeler, Carl (1894–1945). Erster Bürgermeister von Königsberg, 1931 Oberbürgermeister von Leipzig, 1933–35 Reichskommissar für die Preisbildung, führendes Mitglied der Widerstandsbewegung, als Reichskanzler der neuen Regierung vorgesehen. Herbst 1944 verhaftet im Anschluß an das Attentat vom 20. Juli, Februar 1945 hingerichtet.

Göring, Hermann (1893–1946). 1914–18 Fliegeroffizier, 1922 Eintritt in die NSDAP, 1932 Reichstagspräsident, 1933 Preußischer Ministerpräsident und Reichsminister der Luftfahrt, 1935 Oberbefehlshaber der Luftwaffe, 1936 Beauftragter für den Vierjahresplan, 1937/38 Reichswirtschaftsminister, 1938 Beförderung zum Generalfeldmarschall, 1940 Beförderung zum Reichsmarschall,

29.4.1945 von Hitler in seinem politischen Testament wegen Verhandlungsversuchen und „Verrat“ aus seinen Ämtern ausgestoßen, 1946 in Nürnberg zum Tode verurteilt, Selbstmord.

Greiser, Arthur Karl (1897–1946), 1914–18 Marineoffizier, 1930 stellvertretender Gauleiter in Danzig, 1933 Senatsvizepräsident in Danzig, 1934–39 als Nachfolger Rauschnings Senatspräsident, 1939–45 Gauleiter und Reichsstatthalter im Gau Wartheland, SS-Obergruppenführer, 1946 von den Polen zum Tode verurteilt und hingerichtet.

Halder, Franz (1884–1972), Generaloberst. 1914–18 Generalstabsoffizier, 1935 Kommandeur der 7. Inf. Division, 1938 Oberquartiermeister I im OKH, September 1938–September 1942 Chef des Generalstabes des Heeres, Herbst 1944–1945 KZ-Haft im Zusammenhang mit den Ereignissen des 20. Juli 1944.

Lord Halifax (Edward Wood), (1881–1959), konservativer britischer Politiker. 1910–25 Unterhausabgeordneter, seit 1921 mehrere Regierungsämter, 1926–31 Vizekönig von Indien, Juni–Oktober 1935 britischer Kriegsminister, 1938–40 britischer Außenminister, 1941–46 Botschafter in den USA.

Heissmeyer, August (geb. 1897), SS-Obergruppenführer. 1914 Kriegsfreiwilliger, 1933 nationalsozialistisches Reichstagsmitglied, 1935–45 Leiter eines Hauptamtes in der Reichsführung SS. In dieser Eigenschaft verantwortlich für die Betreuung der Nationalpolitischen Erziehungsanstalten und der Deutschen Heimschulen.

Henderson, Sir Nevile (1882–1942), britischer Diplomat. Seit 1905 im diplomatischen Dienst, 1929 Gesandter in Belgrad, 1935–37 Botschafter in Buenos Aires, 1939–39 Botschafter in Berlin.

Henlein, Konrad (1898–1945), Bankbeamter. 1931 Verbandsturnwart des deutschen Turnverbandes in der Tschechoslowakei, 1933 Gründung der Sudetendeutschen Heimatfront, Leiter der Sudetendeutschen Partei, setzte sich als solcher zuerst für Autonomie, dann für Anschluß der Sudetendeutschen an das Reich ein, Oktober 1938 Gauleiter des Sudetengaus, 1939 Reichsstatthalter, 1945 von den Tschechen zum Tode verurteilt, Selbstmord.

Heß, Rudolf (geb. 1894). 1920 Eintritt in die NSDAP, 1933–41 Stellvertreter des Führers und Reichsminister, 1941 Flug nach England, um durch Ausnutzung persönlicher Beziehungen einen Frieden zustandezubringen, 1946 in Nürnberg zu lebenslänglicher Haft verurteilt.

Heydrich, Reinhard (1904–42), Seeoffizier, nach Ehrengerichtsverfahren 1931 verabschiedet. 1932 Chef des SD der SS, seit 1933 im bayrischen Polizeidienst, 1934 Mitarbeiter Himmlers in der Gestapo, 1936 Leiter der Sicherheitspolizei und damit der Gestapo. Als solcher treibende Kraft bei Terrormaßnahmen der SS, besonders bei der Ausschaltung von Gegnern des Regimes, 1942 stellvertretender Reichsprotektor in Böhmen und Mähren, Juni 1942 von tschechischen Widerstandskämpfern ermordet.

Himmler, Heinrich (1900–45). 1929 Ernennung zum Reichsführer SS der NSDAP, 1936 „Reichsführer SS und Chef der Deutschen Polizei“, 1943–45 Reichsminister des Innern, Juli 1944–Januar 1945 Befehlshaber (ab August 1944 „Oberbefehlshaber“) des Ersatzheeres und Chef der Heeresrüstung, Dezember 1944–Januar 1945 Oberbefehlshaber Oberrhein, Januar–März/April 1945 Oberbefehlshaber der Heeresgruppe Weichsel und Oberbefehlshaber des Ersatzheeres, 29. April 1945 von Hitler in seinem politischen Testament aus der Partei ausgestoßen (Grund: Friedensvermittlungsversuche), Selbstmord in englischer Gefangenschaft.

Höß, Rudolf (1900–47). 1922 Eintritt in die NSDAP, 1933 SS-Anwärter, 1934 Übertritt in die aktive SS und Mitglied der Totenkopfverbände im KZ Dachau, Mai 1938–1940 Schutzlagerführer im KZ Sachsenhausen, 1940–43 Kommandant des KZ Auschwitz, verantwortlich für die dort durchgeführten Massenvernichtungen von Juden, 1943 bis 45 als Obersturmbannführer Amtschef bei der Inspektion der Konzentrationslager, 1947 von den Polen zum Tode verurteilt und hingerichtet.

Hoßbach, Friedrich (geb. 1894), deutscher General. 1934–38 Wehrmachtadjutant Hitlers, Verfasser der Niederschrift v. 5.11.1937, 1944–45 Oberbefehlshaber der 4. Armee.

Innitzer, Theodor (1875–1955), österreichischer Theologe und Kleriker. 1910 Theologieprofessor an der Universität Wien, 1929/30 österreichischer Bundesminister für Soziale Verwaltung, seit 1932 Erzbischof der Wiener Kirchenprovinz, 1933 Kardinal.

Johst, Hanns (geb. 1890–19?), Schriftsteller, wurde bekannt durch seine Dramen, sympathisierte mit der NSDAP, seit 1935 Präsident der Reichskulturkammer.

Keitel, Wilhelm (1882–1946), Reichswehroffizier. 1935–38 Chef des Ministeramtes im Reichskriegsministerium, Februar 1938–45 Chef des Oberkommandos der Wehrmacht, Oktober 1938 Generaloberst, 1940 Generalfeldmarschall, 1946 in Nürnberg zum Tode verurteilt und hingerichtet.

v. Kluge, Günter (1882–1944). 1934–38 Kommandeur des Wehrkreises VI (Münster), 1938 Beförderung zum Generaloberst, 1939–41 Oberbefehlshaber der 4. Armee, 1940 Generalfeldmarschall, Juli–August 1944 Oberbefehlshaber West und Heeresgruppe B, Kontakte zur Widerstandsbewegung, aber im entscheidenden Augenblick unentschlossen, August 1944 Selbstmord im Anschluß an den Fehlschlag des Attentats vom 20. Juli.

Kordt, Theodor (1893–1962). 1938/39 Botschaftsrat an der deutschen Botschaft in London und zeitweilig der dortige Geschäftsträger, 1939–45 Botschaftsrat in Bern und ständiger Vertreter des deutschen Gesandten, 1953–1958 Botschafter in Athen.

Lammers, Hans Heinrich (1879–1962). 1921–33 Dienst im Reichsministerium des Innern, 1933–45 Chef der Reichskanzlei und Staatssekretär (seit 1937 Reichsminister), 1939–45 Mitglied und Geschäftsführer des Ministerrates für Landesverteidigung, 1949 im Wilhelmstraßenprozeß zu 20 Jahren Haft verurteilt, 1952 auf 10 Jahre herabgesetzt, 16. Dezember 1961 entlassen.

Ley, Robert (1890–1945), Chemiker. 1925 Gauleiter der NSDAP im Gau Rheinland-Süd, 1932 als Nachfolger Strassers Stabsleiter der Politischen Organisation, 1934 Reichsorganisationsleiter der NSDAP, führend beteiligt bei der Auflösung der Gewerkschaften im Mai 1933 und bei der Gründung der Deutschen Arbeitsfront, seit 1933 Leiter der Deutschen Arbeitsfront, 1945 Selbstmord in Nürnberg.

Liebmann, Kurt (geb. 1881), General der Infanterie. 1932–34 Kommandant des Wehrkreises V (Stuttgart), 1934–38 Kommandeur der Kriegsakademie, 1939 Oberbefehlshaber der 5. Armee.

Lorenz, Werner (geb. 1891), SS-Obergruppenführer. 1914–18 Fliegeroffizier, Bevollmächtigter für außenpolitische Fragen im Stabe des Stellvertreters des Führers, 1937–45 Leiter der Volksdeutschen Mittelstelle innerhalb der Reichsführung SS, 1948 von einem amerikanischen Militärgericht zu 20 Jahren Haft verurteilt.

Müller, Ludwig (1883–1945), evangelischer Theologe. 1926–33 Wehrkreispfarrer im Wehrkreis I (Königsberg), 1933 führend in der Kirchenbewegung „Deutsche Christen", 1933 nach der Gründung einer evangelischen Reichskirche Wahl zum Reichsbischof, 1945 Selbstmord.

Frhr. v. Neurath, Konstantin (1873–1956). 1908 Eintritt in den diplomatischen Dienst, 1922 Botschafter in Rom, 1930 Botschafter in London, 1932–38 Reichsaußenminister unter Papen, Schleier und Hitler, 1938–45 Präsident des Geheimen Kabinettsrates und Reichsminister ohne Geschäftsbereich, 1939–43 (de facto nur bis 1941) Reichsprotektor von Böhmen und Mähren, 1946 in Nürnberg zu 15 Jahren Haft verurteilt, aber vorzeitig entlassen (1954).

Niemöller, Martin (geb. 1892). 1914–18 Marineoffizier (U-Boot), seit 1931 ev. Pfarrer in Berlin-Dahlem, seit 1933 führend im „Pfarrernotbund" und in der Bekennenden Kirche, 1938–45 KZ-Haft, seit 1947 Kirchenpräsident in Hessen-Nassau.

v. Ribbentrop, Joachim (1893–1946). 1932 Eintritt in die NSDAP, 1936 Deutscher Botschafter in London, 1938–45 als Nachfolger v. Neuraths Reichsaußenminister, 1946 in Nürnberg zum Tode verurteilt und hingerichtet.

Rosenberg, Alfred (1893–1946). 1921 Hauptschriftleiter des Völkischen Beobachters, Chefideologe der NSDAP (1930: „Der Mythos des 20. Jahrhunderts"), 1933 Leiter des außenpolitischen Amtes der NSDAP, 1934 Sonderbeauftragter für die Überwachung der ideologischen Erziehung in der Partei. 1941–45 Reichsminister für die besetzten Ostgebiete, 1946 Todesurteil und Hinrichtung in Nürnberg.

Ruder, Willi (geb. 1910). Hauptbereichsleiter in der Parteikanzlei.

Rusch (geb. 1903), katholischer Kleriker. 1938 Titularbischof und apostolischer Administrator von Innsbruck-Feldkirch.

Rust, Bernhard (1883–1945), Studienrat, Mitglied der NSDAP. Mai 1934 bis 1945 Reichsminister für Wissenschaft, Erziehung und Volksbildung, 1945 Selbstmord.

Sauckel, Friedrich (1894–1946), Seemann. 1923 Eintritt in die NSDAP, 1927 Gauleiter des Gaues Thüringen der NSDAP, 1932 Mitglied der Thüringischen Landesregierung, 1933 Reichsstatthalter des Landes Thüringen. 1942 Generalbevollmächtigter für den Arbeitseinsatz, 1946 Todesurteil und Hinrichtung in Nürnberg.

Schmidt, Paul (geb. 1899–1970). Seit 1923 im Sprachendienst des Auswärtigen Amtes, Chefdolmetscher des Auswärtigen Amtes, 1939–45 Gesandter im Büro des Reichsaußenministers, nach dem Krieg Übersetzer und freier Schriftsteller.

Scholl, Sophie (1921–1943), Studentin. Seit 1941 Bildung der Widerstandsgruppe „Die weiße Rose" in München, 1943 bei der Verteilung von Flugblättern in der Münchener Universität verhaftet, Todesurteil und Hinrichtung.

Scholl, Hans (1918–1943), Student. Seit 1941 Bildung der Widerstandsgruppe „Die weiße Rose" in München, 1943 bei der Verteilung von Flugblättern in der Münchener Universität verhaftet, Todesurteil und Hinrichtung.

Schuschnigg, Kurt (geb. 1897–1977), österreichischer christlich-sozialer Politiker. 1932–34 Justizminister, 1934 Unterrichtsminister, 1934–38 Bundeskanzler, Landesverteidigungs- und Unterrichtsminister, 1936 Führer der Vaterländischen Front als Nachfolger Starhembergs, 1938–45 inhaftiert, 1945 Emigration nach den USA, 1948–1966 Professor in den USA, 1956 USA-Bürger, Juni 1967 Rückkehr nach Österreich.

Seipel, Ignaz (1876–1932), österreichischer christlich-sozialer Politiker. November 1918 Minister für soziale Fürsorge, 1922–24, 1926–29 Bundeskanzler.

Speer, Albert (geb. 1905–81), Architekt. 1937 Generalbauinspektor für Berlin, von 1942 (als Nachfolger Todts) bis 1945 Reichsminister für Munitionsbeschaffung (seit 1943: „Reichsminister für Kriegserzeugung"), seit 1944 zunehmender Gegensatz zu Hitler aufgrund von dessen Zerstörungsbefehlen, 1946 in Nürnberg zu 20 Jahren Haft verurteilt.

Stieff, Helmuth (1901–44), Offizier. 1918 Kriegsfreiwilliger, 1942 Oberst im Generalstab, aktiv im Widerstand gegen Hitler tätig, August 1944 im Zusammenhang mit dem Attentat vom 20. Juli 1944 hingerichtet.

Traub, Gottfried (1869–1956), seit 1901 evangelischer Pfarrer in Dortmund. 1912 wegen seines Eintretens für den Theologen Karl Jatho, der ein pantheistisches, undogmatisches Christentum vertrat, aus dem Dienst entlassen, dieses Urteil wurde damals sehr stark angefochten, 1913 Direktor des Deutschen Protestantenbundes, Mitglied des Preußischen Abgeordnetenhauses, 1919/20 deutschnationaler Abgeordneter in Weimar, 1920 Teilnahme am Kapp-Putsch.

Waitz, S. (1894–1943), katholischer Kleriker, in der Zeit des Anschlusses Erzbischof von Salzburg.

v. Weizsäcker, Ernst Ulrich (1882–1953), seit 1920 im diplomatischen Dienst. 1938–45 Staatssekretär im Auswärtigen Amt, bemühte sich als solcher um die Erhaltung bzw. Wiederherstellung des Friedens, 1943–45 Botschafter beim Vatikan, 1949 in Nürnberg zu 7 Jahren Haft verurteilt, 1950 entlassen.

Wiedemann, Fritz (geb. 1891), im ersten Weltkrieg Hitlers Kompanieführer, Hauptmann, Mitglied der NSDAP. 1935–39 Adjutant Hitlers, als solcher mehrfach mit inoffiziellen Missionen beauftragt, 1939–41 deutscher Generalkonsul in San Francisco.

Literaturverzeichnis

Wie im ersten Quellenheft (Klettbuch Nr. 49001) wird nur eine kleine Auswahl von Titeln gegeben und nochmals auf die Bibliographie, Dokumentation und die reichhaltigen Aufsätze der Vierteljahrshefte für Zeitgeschichte verwiesen.

I. Quellen und Memoiren:

Akten zur deutschen auswärtigen Politik 1918–1945, Serie C 1933–1937, 1971 ff., bisher 5 Bde., Serie D 1937–1941, 1950–1970, 13 Bde. (vollständig), Serie E 1941–1945, 1969 ff., bisher 4 Bde. Frankfurt am Main 1950 ff.

Akten deutscher Bischöfe über die Lage der Kirche 1933–1945, hrsg. von B. Stasiewski, 3 Bde., Main 1968–1978.

Dokumente der Deutschen Politik und Geschichte von 1848 bis zur Gegenwart, hrsg. von Klaus Hohlfeld, Bd. 4 u. 5: Die Zeit der nationalsozialistischen Diktatur 1933–45, Berlin o. J.

Hitler, Adolf, Tischgespräche. Neue Ausgabe, hrsg. von P. E. Schramm, 2. Auflage, Stuttgart 1965.

Goebbels Reden 1932–1945, 2 Bde., Düsseldorf 1971/72.

Himmler, Heinrich, Geheimreden 1933–1945 und andere Ansprachen, hrsg. von Bradley F. Smith und Agnes F. Peterson, mit einer Einführung von Joachim C. Fest, Frankfurt am Main, Berlin, Wien 1974.

Reichsführer!... Briefe an und von Himmler, hrsg. von Helmut Heiber, Stuttgart 1968.

Hofer, Walther, Der Nationalsozialismus. Dokumente 1933–1945, 26. Aufl. Frankfurt/Main 1976.

Höß, Rudolf, Kommandant in Auschwitz. Autobiographische Aufzeichnungen, hrsg. von M. Broszat, Stuttgart 1958.

Jacobsen, Hans-Adolf, 1939–45. Der Zweite Weltkrieg in Chronik und Dokumenten, 2. Aufl., Darmstadt 1961.

Klose, Werner, Generation im Gleichschritt. Ein Dokumentarbericht, Oldenburg und Hamburg 1964.

Rühle, Gerd, Das Dritte Reich. Dokumentarische Darstellung des Aufbaues einer Nation, 6 Bände für die Jahre 1933–38 und 2 Ergänzungsbände für 1919 ff., Berlin 1934 ff.

Vollmer, Bernhard, Volksopposition im Polizeistaat. Gestapo- und Regierungsberichte 1933–36, Stuttgart 1957.

Meldungen aus dem Reich, hrsg. von Heinz Boberach. Auswahl aus den geheimen Lageberichten des Sicherheitsdienstes der SS, 1939–1944, Neuwied 1966.

Müller, Hans, Katholische Kirche und Nationalsozialismus. Dokumente 1930–1935, eingeleitet von Kurt Sontheimer, München 1963.

Der Notenwechsel zwischen dem Heiligen Stuhl und der deutschen Reichsregierung I: Von der Ratifizierung des Reichskonkordats bis zur Enzyklika „Mit brennender Sorge", bearbeitet von Dieter Albrecht, Mainz 1965.

Berichte des SD und der Gestapo über Kirchen und Kirchenvolk in Deutschland 1934–1944, bearbeitet von Heinz Boberach, Mainz 1971.

Ursachen und Folgen. Vom deutschen Zusammenbruch 1918 und 1945 bis zur staatlichen Neuordnung Deutschlands in der Gegenwart. Eine Urkunden- und Dokumentensammlung zur Zeitgeschichte Bde. 9–22, Berlin 1964–1975.
„Wollt Ihr den totalen Krieg?" Die geheimen Goebbels-Konferenzen 1939–1943, Stuttgart 1967.

II. Darstellungen:

Adam, Uwe D., Judenpolitik im Dritten Reich, Düsseldorf 1972.
Adler, H. G., Theresienstadt 1941–1945, 2. Aufl., Tübingen 1960.
Binion, R., Hitler among the Germans, New York 1976 (dt. übs. 1978).
Bollmus, Reinhard, Das Amt Rosenberg und seine Gegner. Zum Machtkampf im nationalsozialistischen Herrschaftssystem, Stuttgart 1970.
Bracher, Karl Dietrich, Sauer, Wolfgang, Schulz, Gerhard, Die nationalsozialistische Machtergreifung, Köln u. Opladen 1960.
Bracher, Karl Dietrich, Die deutsche Diktatur. Entstehung, Struktur, Folgen des Nationalsozialismus, 3. Aufl., Köln/Berlin 1970.
Bracher, Karl Dietrich, Zeitgeschichtliche Kontroversen – Um Faschismus, Totalitarismus, Demokratie, München 1976.
Brandes, D., Die Tatsachen unter deutschem Protektorat 1939–1945, 2 Bde., München 1969, 1975.
Broszat, Martin, Der Nationalsozialismus. Weltanschauung, Programmatik, Wirklichkeit, Hannover 1960.
Broszat, Martin, Nationalsozialistische Polenpolitik, Stuttgart 1961.
Buchheim, Hans, Das Dritte Reich. Grundlagen und politische Entwicklung, München 1958.
Buchheim, Hans, Glaubenskrise im Dritten Reich, Stuttgart 1953.
Buchheim, Hans, Broszat Martin, Jacobsen, Hans-Adolf, Krausnick, Helmut, Anatomie des SS-Staates, 2 Bde., Olten u. Freiburg 1965.
Diehl-Thiele, Peter, Partei und Staat im Dritten Reich, München 1969.
Erdmann, Karl Dietrich, Die Zeit der Weltgeschichte, 2. Teilband. In: Gebhardt. Handbuch der deutschen Geschichte, Bd. 4/2, 9. Aufl., Stuttgart 1976.
Fest, Joachim C., Hitler. Eine Biographie, Berlin, Frankfurt am Main 1973.
Gamm, Hans-Jochen, Führung und Verführung. Pädagogik des Nationalsozialismus München 1964.
Gruchmann, Lothar, Nationalsozialistische Großraumordnung. Die Konstruktion einer deutschen Monroe-Doktrin, Stuttgart 1962.
Haffner, Sebastian, Anmerkungen zu Hitler, München 1978.
Hale, Oron, J., The Captive Press in the Third Reich, Princeton 1964.
Hildebrand, Klaus, Das Dritte Reich, München, Wien 1979.
Hildebrand, Klaus, Deutsche Außenpolitik, Kalkül oder Dogma? 3. Aufl., Stuttgart 1976.
Hillgruber, Andreas, Hitlers Strategie. Politik und Kriegsführung 1940/41, Frankfurt (Main) 1965.
Jäckel, Eberhard, Frankfurt in Hitlers Europa, Stuttgart 1966.
Jacobsen, Hans-Adolf, Nationalsozialistische Außenpolitik 1933–1938, Frankfurt (Main)/Berlin 1968.

Die deutsche *Justiz* und der Nationalsozialismus, Bd. 1: H. Weinkauff, Überblick. A. Wagner, Die Umgestaltung der Gerichtsverfassung; Bd. 2: R. Echterhöfer, Das öffentliche Recht; Bd. 3: W. Wagner, Der Volksgerichtshof, Stuttgart 1968–1974.
Kogon, Eugen, Der SS-Staat. Das System der deutschen Konzentrationslager, Frankfurt am Main 1974.
Kolb, Eberhard, Bergen-Belsen. Geschichte des „Aufenthaltslagers" 1943–1945, Hannover 1962.
Kwiet, Konrad, Reichskommissariat Niederlande. Versuch und Scheitern nationalsozialistischer Neuordnung, Stuttgart 1968.
Maser, Wolfgang, Adolf Hitler. Legende, Mythos, Wirklichkeit, 6. Aufl., München 1974.
Mason, Thimothy W., Arbeiterklasse und Volksgemeinschaft. Dokumente und Materialien zur deutschen Arbeiterpolitik 1936–1939, Düsseldorf 1975.
Mommmsen, Hans, Beamtentum im Dritten Reich, Stuttgart 1966.
Nationalsozialistische Außenpolitik, hrsg. von W. Michalka, Darmstadt 1978.
Nationalsozialistische Diktatur 1933–1945. Eine Bilanz, hrsg. von Karl Dietrich Bracher, Manfred Funke, Hans-Adolf Jacobsen, Düsseldorf 1983.
Nolte, Ernst, Der Faschismus in seiner Epoche, München 1963.
Petzina, Dieter, Autarkiepolitik im Dritten Reich. Der nationalsozialistische Vierjahresplan, Stuttgart 1968.
Probleme der nationalsozialistischen Wirtschaftspolitik, hrsg. von Henning, Friedrich W., Berlin 1976.
Ritter, Gerhard, Carl Goerdeler und die deutsche Widerstandsbewegung, Stuttgart 1954.
Rothfels, Hans, Die deutsche Opposition gegen Hitler, Frankfurt 1964.
Schäfer, Hans Dieter, Das gespaltene Bewußtsein. Deutsche Kultur und Lebenswirklichkeit 1933–1945, München, Wien 1981.
Scheffler, Wolfgang, Judenverfolgung im Dritten Reich 1933–1945, Berlin 1960.
Schmeer, Karlheinz, Die Regie des öffentlichen Lebens im Dritten Reich, München 1956.
Scholz, Harald, Nationalsozialistische Ausleseschulen. Internatsschulen als Herrschaftsmittel des Führerstaats, Göttingen 1973.
Schüddekopf, Otto-Ernst, Die Wehrmacht im Dritten Reich 1934 bis 1945, in: Schriftenreihe der Niedersächsischen Landeszentrale für Politische Bildung. Zeitgeschichte, Heft 2, Hannover 1961.
Schulz, Gerhard, Deutschland nach dem 1. Weltkrieg 1918–1945, Göttingen 1976.
Werner, Karl Ferdinand, Das NS-Geschichtsbild und die deutsche Geschichtswissenschaft, Stuttgart 1967.

Verzeichnis der Abkürzungen

DAF	Deutsche Arbeitsfront
Ia	Erster Generalstabsoffizier einer militärischen Einheit und Gehilfe des jeweiligen Generalstabschefs in Führungsfragen
EK I.	Eisernes Kreuz erster Klasse
Gauleiter	Oberster Parteiführer innerhalb eines Gaues. War meistens zugleich Reichsstatthalter des entsprechenden Landes
HJ	Hitlerjugend
IMT	Akten des „Prozesses gegen die Hauptkriegsverbrecher" in Nürnberg 1945/46
INSP. KL	Inspektion der Konzentrationslager
KdF	„Kraft durch Freude", eine Tochterorganisation der Arbeitsfront
KZ	Konzentrationslager
NS	Abkürzung für „Nationalsozialismus" oder „nationalsozialistisch"
NSFO	Nationalsozialistischer Führungsoffizier
OKH	Oberkommando des Heeres
OKW	Oberkommando der Wehrmacht
Reichsleiter	Inhaber der höchsten Parteiämter. Seit 1933 im Rang den Reichsministern gleichgestellt
Reichsstatthalter	Übernahmen seit 1933 die Aufgaben der aufgelösten Landesregierungen. Waren der Reichsregierung direkt unterstellt und waren meistens Gauleiter der NSDAP
RFSS	Reichsführer SS
RGBl	Reichsgesetzblatt
RSHA	Reichssicherheitshauptamt
SA	Abkürzung zuerst für die „Sportabteilungen", dann für die „Sturmabteilungen" der NSDAP
SD	Sicherheitsdienst
SdP	Sudetendeutsche Partei
SS	Schutzstaffeln. Hervorgegangen aus dem sog. „Stoßtrupp Hitler"
Stabschef	(oder Chef des Stabes), Führer der gesamten SA im Range eines Reichsleiters der NSDAP (bis 1934 Ernst Röhm, 1934 bis 1943 Viktor Lutze). Der Stabschef war unterstellt nur dem „Obersten SA-Führer" (OSAF), Hitler
Stalag	Stammlager
Standarte	SA- oder SS-Einheit etwa in der Stärke eines Regiments
VfZG	Vierteljahrshefte für Zeitgeschichte

Thematisches Stichwortregister

Die Ziffern beziehen sich auf die Nummern der Quellen

Abbildungen
Verlag Kurt Desch, München; Klett-Archiv; Süddeutscher Verlag Bilderdienst; Südwest-Verlag, München; Ullstein Bilderdienst.